Manfred Prisching

Verlorenheit

Die Buchreihe »**Gegenwartsfragen**« schärft zeitdiagnostisch den Blick für das Hier und Jetzt. Sie hinterfragt den Status quo und erweitert gesellschaftspolitische Debatten um wichtige psychosoziale Dimensionen. Die kurzen, eingängigen und gut lesbaren Diskussionsbeiträge beziehen kritisch Position, treiben die Auseinandersetzung mit den gegenwärtig wesentlichen Fragen kontinuierlich voran und sind damit in produktiver Weise irritierend.

GEGENWARTSFRAGEN

Manfred Prisching

Verlorenheit

Ressentiments und verletzte Bedürfnisse in Krisenzeiten

GEGENWARTSFRAGEN

Psychosozial-Verlag

Bibliografische Information der Deutschen Nationalbibliothek
Die Deutsche Nationalbibliothek verzeichnet diese Publikation in der Deutschen Nationalbibliografie; detaillierte bibliografische Daten sind im Internet über http://dnb.d-nb.de abrufbar.

Originalausgabe

E-Mail: info@psychosozial-verlag.de
www.psychosozial-verlag.de

ISBN 978-3-8379-3352-9 (Print)
ISBN 978-3-8379-6262-8 (E-Book-PDF)
ISSN 2943-5439

Inhalt

Einleitung

Europa hatte seine ›Ferien von der Geschichte‹. Diese Ferien (Debray, 2022) sind zu Ende gegangen, zuerst bruchstückhaft in den letzten beiden Jahrzehnten, zuletzt in umfassender Weise durch die Rückkehr der Kriege. Konnte man schon in den letzten Dekaden den Eindruck gewinnen, dass sich eine passende, verständige und konsistente Ansicht der Welt nicht mehr recht zusammenfügen lässt, so scheint sich nunmehr die Überzeugung zu verbreiten, dass man an einer Zeitenwende, an einer Schwelle, an der Bruchstelle einer (zuvor vielleicht fälschlich unterstellten) Kontinuität steht. Das ist keine abstrakte Sache, die weit über den Köpfen schwebt; es ist eine Sache des Alltags, des ganz normalen Lebens ganz normaler Menschen. Denn gerade diese Normalität steht infrage. Es herrscht ein *Durcheinander-Gefühl.* Manche haben gar den Eindruck, die ›Normalität‹ schlechthin habe sich verflüchtigt: jene Normalität, auf die man in weiten Teilen angewiesen ist, um seine Alltagsgeschäfte zu erledigen.

Obwohl Mitteleuropa die Luxusecke der Welt ist, herrscht *Unbehagen.* Wir müssen nicht gleich den ›kollektiven Nervenzusammenbruch‹, von dem Stephan Lessenich (2022) spricht, vermuten, aber *irgendwie war die Stimmung schon einmal besser.* Das ist nicht nur auf die Verklärung vergangener Zeiten, die es in Wahrheit nie gegeben hat, zurückzuführen, sodass die unleidliche Gegenwart vor den falschen Erinnerungen früherer Geborgenheit und Behaglichkeit verblassen müsste. Das Unbehagen ist überall, und es lässt sich nicht recht dingfest machen. Es gibt viel Irritation. Und es gibt Irritation über die Irritation.

Das Festgefügte wankt. Das Verlässliche wird unverlässlich. Viele Menschen fühlen sich *verloren*, denn alles Wichtige, an dem sie sich festhalten konnten, ist in den Zustand einer gewissen Verflüchtigung geraten. Das *Unbehagen*, von dem hier die Rede ist, ist kein neuer oder origineller Begriff, das Argument ist in der Geschichte der Sozialwissenschaft weit verbreitet. Gemäß Sigmund Freuds Analyse des Unbehagens wird den Menschen zu viel Über-Ich abverlangt (Freud, 1994 [1930]). Aber vielleicht ist es in einer entertainigen Gesellschaft auch der Mangel an Über-Ich? Oder die Verlorenheit in der Ich-Suche, besonders bei multiplen Selbsten? Einer der ›Klassiker des Unbehagens‹ ist das *Unbehagen in der Modernität* von Peter L. Berger, Brigitte Berger und Hansfried Kellner (1975 [1973]). Charles Taylor (1995 [1991]) schreibt über das *Unbehagen an der Moderne*, Alain Ehrenberg (2011 [2010]) über das *Unbehagen in der Gesellschaft*, Michael Sandel (2023 [1996]) über das *Unbehagen in der Demokratie*, Kenan Malik (2018) über das *Unbehagen in den Kulturen*, Gernot und Rebecca Böhme (2021) über das *Unbehagen im Wohlstand*. So viel Unbehagen – aber vielleicht ist das einfach eine realistische Reaktion auf das Durcheinander der Welt? Dieses Unbehagen scheint sich allerdings schon jahrzehntelang angesammelt zu haben, trotz einer historisch einmaligen Situation von Wohlstand und Lebenssicherheit. Warum breitet sich nicht eher wohliges Behagen aus? Oder ist solche Behaglichkeit gerade Ursache des Unbehagens? Was ist da los?

Normalitätserosion, Bedürfnisgefährdung und Ressentiments

Wir werden nicht alle Widersprüchlichkeiten ausräumen können, da doch die Spätmoderne selbst schon durch Unvereinbarkeiten, Inkonsistenzen und Ambiguitäten geprägt ist. Wir beginnen mit vier Überlegungen.

These 1: Unzureichende Erklärungen

> Die gängigen ad hoc-Erklärungen für das Unbehagen, die Ressentiments und die Aggressivitäten (Erklärungen, die auf Benachteiligungen, Ungleichheiten, Abstiegsängste, Krisen und dergleichen verweisen) mögen da oder dort stimmen, aber sie decken das Phänomen der um sich greifenden Verstimmung nicht ab. Die Atmosphäre der Verlorenheit ist nicht nur mit konkreten Krisenereignissen zu begründen.

Die Pandemie hat skurrile Verschwörungstheorien hochlodern lassen – so hätten sich etwa alle Eliten aller Länder sowie aller Gesinnungen und Interessen zur endgültigen Unterjochung der Menschen zusammengetan. Der Angriffskrieg Russlands lässt selbst ansonsten verständige Menschen zu Waffenstillstands- und letztlich Unterwerfungsvorschlägen greifen. In den Netzen lebt sich ohnehin eine geifernde Befindlichkeit aus, die alle Themen im Modus der Bösartigkeit behandelt. Der ›Wutmensch‹ (Hessel, 2011 [2010]) ist vorzeigbar geworden – und selbst wehleidig. Klimapolitik wird radikal gefordert – doch wenn sie mit kleiner Belastung verbunden ist, wütend bekämpft. Plötzlich rauschen anlässlich des Israelkrieges die Wellen des linken Antisemitismus quer durch Europa und Amerika. Es passt alles nicht mehr zusammen. Es sind rätselhafte Befindlichkeiten, teils quer über Nationen, Milieus, Klassen und Politikkonstellationen entstanden. Erklärungen sind reichlich vorhanden, aber sie genügen nicht.

Auf der Hand liegen die *klassischen Argumente von Abstieg oder Ungerechtigkeit*: Es seien die Benachteiligten, die revoltieren; benachteiligt durch soziale Abstiegsprozesse, durch Arbeitslosigkeit im Zuge der Globalisierung, durch einen Verlust an Respekt. Oder es regen sich die Privilegierten auf, die ihre Besitzstände bedroht sehen. Oder es sind die an den Rand gedrängten Minderheiten, die sozial absinken oder materielle Deprivation erfahren. Oder es werden gerade die Menschen der politischen Mitte oder der (alten) ökonomischen Mittelschicht, die etwas zu verlieren haben, verführt ... Alle Erklärungen mögen da oder dort stimmen, aber anderswo sind sie wieder nicht anwendbar. Irgendeinen Grund kann man leicht aus der Hüfte schießen: Benachteiligung, Mangel an Respekt, Ungerechtigkeit, Weltrettungsengagiertheit.

Häufig wird das *geschwundene Vertrauen in die Politik* als Grund genannt. Man kann zweifelsohne ›Fehler‹ bei konkreten Personen oder Maßnahmen finden; aber die geschilderten Erscheinungen lassen sich quer durch die europäischen Länder und darüber hinaus zeigen. Einen mysteriösen gleichzeitigen politischen Kapazitäts- oder Kompetenzverfall in vielen Staaten, Situationen und Parteien kann man nicht annehmen. Das Argument des Vertrauensverlustes erscheint noch eigenartiger, wenn man die alternativen Adressaten des verschobenen Vertrauens ins Auge fasst: Man vertraut nicht Macron, aber Marine Le Pen? Und in Donald Trump wird jenes Vertrauen gesetzt, das man dem System entzogen hat? Wären das die Reste des ›Common Sense‹ einer Wählerschaft?

Gängig sind ebenso Verweise auf die *steigenden Ängste der Menschen angesichts vieler Krisen*. Als Phänomen ist der Befund solcher Besorgtheit wohl richtig. Aber können die Menschen tatsächlich schlecht schlafen, weil sie ›Angst‹ vor einem Anstieg des Meeresspiegels haben? Manche Angstbehauptungen sind auch Selbststilisierungen, die sich dadurch auszeichnen, dass sie den Angstbehauptenden in eine unangreifbare und argumentationsenthobene Lage versetzen. *Angst wird als diskursiver Joker eingesetzt.*

Ins Repertoire der Erklärungen gehört auch die *Manipulation der Menschen durch autoritäre Gruppen*. Darin mag etwas Richtiges liegen, schließlich ist es eine alte Herrschaftstechnik, den Menschen Angst zu machen, um sich als Retter[1] präsentieren oder empfehlen zu können. Das geschieht denn auch von links bis rechts; aktuell sitzen die ›Rechten‹ auf

1 Für die Geschlechterfrage im Text habe ich mehrere anerkannte Methoden benutzt: Es werden die Geschlechter doppelt benannt (»Lehrerinnen und Lehrer«); oder es wird gewechselt (»Wissenschaftler und Architektinnen«); oder es wird aus sprachästhetischen Gründen das generische Maskulinum benutzt.

dem längeren Ast.[2] Aber warum funktionieren solche Manipulationen durch Führungspersonen mit politisch autoritären Auffassungen derzeit so gut, quer durch viele europäische Länder? *Offenbar ist eine ›Ansprechbarkeit‹ sehr vieler Menschen vorhanden – aber woher kommen Ansprechbarkeit und Abwehrschwäche?*

Weitere *situative Erklärungen* für Phänomene des Unbehagens sind üblich: Da sind die Verlierer der Globalisierung, die Mittelschicht-Absteiger, die enttäuschten Akademiker, die Internet-Geschädigten, die ›weißen alten Männer‹, die um ihre Privilegien Angst haben, die Frauen, die in ihrem Aufstiegsprozess mit allseitigen Verpflichtungen überfordert sind, oder die männlichen urbanen unqualifizierten Jugendlichen, die geringe Lebenschancen sehen, die Zurückbleibenden aus ländlichen Bereichen, die Vereinsamten aus den Städten, die Burnout-Gefährdeten in einer stressigen Arbeitswelt oder die religiösen Fundamentalisten, die im Gewirr ihre ›Eckpfeiler‹ einschlagen wollen. Besonders in den USA finden sich in der Gemengelage auch noch Evangelikale, Waffennarren und andere. Man hat auch ein paar Etiketten bei der Hand: die ›Deplorables‹, die Rechtspopulisten, die Nationalisten, die

2 Die herkömmliche Links-rechts-Unterscheidung (in den extremeren Ausprägungen) ist weitgehend obsolet geworden, da doch jene Gruppen, die da oder dort zugeordnet werden, in vielen Dingen sehr ähnliche Auffassungen haben, insbesondere ihre autoritären Neigungen weisen große Ähnlichkeiten auf. Das ist seinerzeit schon in den Totalitarismustheorien gezeigt worden (Bracher, 1987). Verschiebungen von Wählergruppen zeigen, dass Extrem-Rechts und Extrem-Links dasselbe Potenzial ansprechen; aktuell wird dies in Deutschland in Kommentaren zu AfD und Wagenknecht-Partei (BSW) als selbstverständlich vorausgesetzt, in Österreich gibt es Wählerströme zwischen FPÖ und Kommunisten.

Verschwörungstheoretiker. Sonderbare Mentalitätsmischungen werden sichtbar: Das Personal von Klimaleugnern, Impfgegnern, Migrationskritikern und Putin-Freunden überlagert sich. Antikapitalisten demonstrieren für Trump, Großkapitalisten finanzieren ihn. In Europa treten Kommunisten und Faschisten oft gemeinsam für Putin ein. Putinisten und Linke demonstrieren gegen Israel. Aus den antidemokratischen Äußerungen quer durch Europa ist gar nicht leicht zu erkennen, ob es sich um Rechtsautoritäre, Linksautoritäre oder Mitte-Autoritäre handelt. In diversen Blogs und Plattformen lodert *Vernichtungsbereitschaft* hoch, bis zur Blutrünstigkeit: Man will, wenigstens verbal, Opfer ›hinrichten‹, weil man sich selbst als Opfer fühlt. Dreinschlagen, ob mit der rechten oder der linken Faust.

Wie kommt ein derart diverses und breitgelagertes Ressentiment zustande? Allein schon die Auflistung der Gruppen und Milieus, die sich zuweilen protestierend auf den Straßen oder polemisierend auf den elektronischen Plattformen finden, gibt ein buntes Bild. Ist es bloß eine zufällige Anhäufung von unterschiedlichen Befindlichkeiten mit ähnlichen Erscheinungsformen? Es bietet sich an, nach einer *tieferen Ebene* zu suchen: nach einer Ebene, die hinter den heterogenen Verhältnissen liegt; nach Variablen, die Vertrauensschwund, Angstgefühl und Manipulationsoffenheit hervorrufen.

These 2: Erosion der Normalität

> Es ist ein Zustand der Haltlosigkeit, der Verlorenheit, der den Phänomenen des Unbehagens zugrunde liegt. Es handelt

sich um einen Normalitätsverlust, um eine fundamentale Verunsicherung, um das Gefühl einer Gefährdung von essenziellen Rahmenbedingungen des Denkens, Fühlens und Handelns.

Normalität ist der Zustand, in dem man die Spielregeln einer Gesellschaft oder einer sozialen Gruppe kennt. Man gibt zur Begrüßung einander die Hand – oder vermeidet dies in der Pandemie. Man schnäuzt sich nicht ins Tischtuch. Man löst in der Straßenbahn eine Fahrkarte. Straßenverkehrsordnung. Zähneputzen. Es ist der Alltag, über den man nicht allzu viel nachdenken muss. Es geht sowohl um administrative, institutionelle oder rechtliche Spielregeln als auch um den weiten Bereich der Praktiken, Bräuche, Sitten, Gepflogenheiten. Man weiß, wie es läuft (Hammerich & Klein, 1978; Göttlich, 2015).[3]

Normalität ist keine Festgelegtheit, sondern eine Grauzone: eine abgestufte Skala. Wenn in der Folge von fundamentalen Bedürfnissen gesprochen wird, so sind auch diese nicht essenzialistisch, sondern *gradualistisch* zu verstehen. Es kann (trivialerweise) mehr oder weniger Orientierung, mehr oder weniger Sicherheit geben; und unsere These ist: *Die gehörige*

---

3 Wenn man sich eingehender mit Alltag und Normalität befassen wollte, könnte man ideengeschichtlich bei Max Weber, Émile Durkheim oder Max Scheler, bei Georg Lukács, Henri Lefebvre und Ágnes Heller, bei Alfred Schütz und Thomas Luckmann, bei George Herbert Mead und Harold Garfinkel ansetzen. Etwas ausgefallener wäre Michel de Certeau mit seiner *Kunst des Handelns*. Dann würden wir zu den ›Gegenbegriffen‹ kommen, zur Außeralltäglichkeit – von Webers Charisma bis zu Durkheims Efferveszenzen. Gute Überlegungen finden sich bei Norbert Elias, Grathoff, Bergmann, Gebhardt, Bröckling (mit der schönen Begrifflichkeit des ›Anderen der Ordnung‹) und anderen.

Erfüllung der Bedürfnisse kann nur in einem mittleren Bereich, in der Normalität, gewährleistet werden. Am Beispiel *Gemeinschaft* wird es offensichtlich: Auf der einen Seite kann es *zu viel Gemeinschaft* geben, eine Einschwörung auf das Kollektiv, die Ignorierung individueller Wünsche, eine ›dichte‹ soziale Kontrolle, eine autoritäre oder totalitäre Gemeinschaftsbezogenheit, oft in dogmatischen oder kommunistischen Denkwelten. ›Kontrollgesellschaft‹ – man mag auch an die klassische spartanische Gesellschaft denken, an die sich verdichtende chinesische Elektronik oder an die Drohungen einer Transparenzgesellschaft (Han, 2012). Vollständige Transparenz ist die Hölle. Jeder schaut jedem andauernd über die Schulter, jeder Handgriff ist normiert, jede Abweichung wird sanktioniert; ein Straflager. Auf der anderen Seite kann es *zu wenig Gemeinschaft* geben, eine Vereinzelung der Menschen, in der jeder seines eigenen Glückes Schmied ist, in der es keine ›Beheimatung‹ mehr gibt, in vulgäranarchistischen, extrem-neoliberalistischen oder radikal-individualistischen Modellen. Normalität als Entlastung und Einbettung ist zwischen diesen Polarisierungen zu finden.

Normalität hat ihre Ausfransungen. Manche Menschen und Gruppen driften an Ränder. Manche verlassen den Kreis der Normalität (gewollt oder ungewollt). Es sind Minderheiten, die zuweilen in eigenen subkulturellen Milieus leben, Einwandererkulturen, Bohèmekulturen, Popkulturen, Jugend- und Alterskulturen, behinderte Menschen, Aussteiger, kriminelle Milieus. Aber sie lassen sich natürlich auch nur im Vergleich mit einem Mainstream beschreiben, der Normalität verkörpert.

Die These für die Spätmoderne lautet nun: *Lebenspraktische Normalität ist der Erosion ausgesetzt.* Der Anteil der nichtselbstverständlichen an den vorhandenen Phänomenen steigt, der Anteil der selbstverständlichen Phänomene sinkt: *Normalitätsatrophie* (Prisching, 2018). Das Schwinden dichter Normalität ist befreiend und verunsichernd. Es werden Freiräume geschaffen, die Verhaltensspielräume werden weiter, viel mehr ist möglich und wird toleriert. Aber diese Befreiung bedeutet auch eine Entlastung von Routine und Selbstverständlichkeit: eine *Entlastung von der Entlastung*, die mit diesen routinisierten Praktiken verbunden war. Man muss sich nunmehr mit Fragen auseinandersetzen, die man geklärt wähnte. Es ist die Welt, die man mit Begriffen wie *Pluralität*, *Flexibilität*, *Individualität*, *Diversität*, *Multikulturalität*, *Ambivalenz*, *Liquidität* oder *Kontingenz* benennt. Man muss in jeder Situation erkunden, was angemessen ist. Die alten Entscheidungen und Erfahrungen tragen nicht mehr.

›Erosion der Normalität‹ heißt natürlich nicht, dass die Gesellschaft im Chaos versinkt. Wir werden im Krankenhaus nach den Regeln der ärztlichen Kunst behandelt, die Mediziner werden sich um das Krankenbett nicht zum Gebet oder zur Geisterbeschwörung versammeln (Brechtken, 2020, S. 7f.). Der Supermarkt funktioniert, ebenso die Wasserversorgung; und im Kaffeehaus bekommt man gegen einen gewissen Geldbetrag das braune Getränk. *Ohne diese und andere Normalitäten ist Gesellschaft nicht möglich.* Und Normalität ist ohnehin immer *bewegliche Normalität.* Alles fließt. Es ist, mit Zygmunt Bauman (2003 [2000]) gesprochen, alles, worauf man sich verlassen wollte, in den Zustand der *Liquidität* geraten. Die einzelnen Elemente, welche die Lebenswelt ausmachen, können ihre Gestalt ändern oder verschwinden, andere Elemente tauchen auf, Elemente werden neu interpretiert, verstärkt oder geschwächt. *Aber das Gesamtpaket der Elemente sollte so stabil sein, dass Normalität gewährleistet ist.* Situationen müssen wiedererkennbar sein. Es ist, wie so vieles, ein Dosierungs- und Geschwindigkeitsproblem.

Die ›schnelle‹ Welt erzeugt ein *Normalitätsdefizit.* Wir verwenden den Begriff der *Verlorenheit,* um diesen Zustand der Haltlosigkeit zu beschreiben. Man könnte andere Begriffe um diesen Begriff anlagern: *Verunsicherung* und *Unsicherheit, Desorientierung* und *Unübersichtlichkeit, Unruhe* und *Beunruhigung; Resonanzverlust, Identitätsgefährdung, Handlungsunsicherheit.*

These 3: Gefährdete Bedürfniscluster

Fundamentale Cluster von Bedürfnissen, die lebensweltliche Normalität dargestellt haben, werden in den letzten Jahrzehnten immer stärker als gefährdet empfunden. Es handelt sich um

(A) das kognitive Verständnis der Welt,
(B) die normative Orientierung in der Lebenswelt,
(C) Gemeinschaftsgefühle,
(D) Wohlstand und
(E) Sicherheit.

Manche Erosionsvorgänge haben eine längere Geschichte, aber die stärkste Erschütterung oder Irritierung finden wir in den letzten Jahren.

Der Begriff der *Verlorenheit* soll zum Ausdruck bringen, dass Stabilitätskonstellationen ins Wanken geraten sind. Wir fassen die Konfigurationen der Alltagsnormalität in einige existenziell wichtige Bedürfniscluster,[4] zu denen sich Äußerungen bündeln lassen, wenn man Gespräche, Kommentare, Leserbriefe und Blogs, Berichte und Studien, Weltbetrachtungen und Essays (also den ›öffentlichen Diskurs‹) verfolgt. Es sind, so kann man behaupten, ›Grundbedürfnisse‹, deren Gefährdung den Kern des Lebens erschüttern kann.[5] Man mag die fünf Cluster als anthropologisch verwurzelte und kulturell ausgeformte Bedürfniswelten bezeichnen. Wir zählen dazu die folgenden Pakete.

(A) *Orientierung, Lebenswissen, Handlungskompetenz:* Die Welt (kognitiv) verstehen. Wissen, wie die Dinge funktionieren. Im Bilde sein, wie man mit den neuen Apparaten umgehen kann. Über lebenspraktische Kompetenz verfügen. Aufgrund von Wissen verständig entscheiden können.

(B) *Baldachin, Wertewelt, normativer Kosmos:* Die Welt (normativ) verstehen. Wissen, was gilt und nicht gilt; was man

4 Diese Cluster erschöpfen ohne Zweifel nicht die Bedürfniswelt der Menschen, wir könnten zur Ausweitung diverse Bedürfnistheorien aus unterschiedlichen Disziplinen heranziehen, am prominentesten die alte Theorie von Abraham Maslow (1954) oder die neuere Theorie von Martha Nussbaum und Amartya Sen (1993).

5 Freilich gibt es vorneweg zwei Einschränkungen: Die Rede ist von den entwickelten Gesellschaften, vor allem europäischer Prägung, in denen man ein fantastisches Niveau der Erfüllung dieser Bedürfnisse erreicht hat; und es ist die Rede von einer spätmodernen Epoche, auf dem Weg zu welcher man sich an die bedürfnissichernden und behaglichen Lebensverhältnisse gewöhnt hat. Natürlich gibt es anderswo auf der Welt ›härtere‹ Lebensverhältnisse, und auch in den ›verwöhnten‹ Gesellschaften haben vor wenigen Jahrzehnten noch ›härtere‹ Umstände geherrscht. Aber man hat sich nun einmal in diesen Verhältnissen eingerichtet und fühlt sich unwohl, wenn man diese Rahmenbedingungen in Gefahr wähnt.

tut oder nicht tut; was anständig oder unanständig ist. Miteinander umgehen können.

(C) *Gemeinschaft, Einbettung, Vertrauen, Resonanz:* Sich in der sozialen Welt zu Hause fühlen. Sich mit den besonderen Spielregeln im sozialen Ambiente auskennen. Nicht jedes Wort und jedes Verhalten überlegen müssen. Auf einen Vertrauenspolster bauen können. Gewohnheiten, Sitten und Bräuche pflegen.

(D) *Wohlstand, Bequemlichkeit, Besitzstandswahrung:* Die materiellen Errungenschaften und Sicherheiten schätzen; sie als garantiert betrachten können. Keine Abstürze befürchten müssen. Mit sozialstaatlichen Vergünstigungen und Hilfen rechnen können. Vielleicht sogar gewisse Verbesserungen erwarten dürfen.

(E) *Sicherheit, Schutz vor Gewalt, Rechtsverlässlichkeit:* Auf das Gewaltmonopol des Staates bauen können. Gewaltausübung, Kriminalität und Terror nicht fürchten müssen. Krieg für unwahrscheinlich halten können. Sich auf Recht und Justiz weitgehend verlassen können, ohne Korruption und politische Untertänigkeit.

Die westliche Spätmoderne hat den Individuen fantastische Lebensverhältnisse geschaffen; aber diese geraten immer mehr in Irritation. Selbstverständlichkeiten gelten nicht mehr. Pluralismus ist eine feine Sache, aber nicht so fein, wenn man über soziale Akzeptabilität nicht mehr Bescheid weiß. Flexibilität ist wunderbar, aber nicht so wunderbar, wenn mit der allseitigen Offenheit jede Lebenslinie, Verhaltensweise und Lebensplanung verlorengeht. Diversität ist großartig, aber nicht so großartig, wenn man andauernd darüber nachdenken muss, wie man andere nicht verletzt, wie man sich selbst nicht blamiert oder ins Off befördert.

These 4: Wachsendes Ressentiment

> Die Verlorenheit in den liquide gewordenen Bedürfniscluster schafft einen diffusen Zustand der Unruhe, der Unsicherheit, der Besorgnis. Man fühlt sich getäuscht und verletzt. Man stellt Gerechtigkeit und Fairness infrage. Es sammelt sich Unzufriedenheit, manchmal Wut. Es akkumuliert sich ein genereller, oft gar nicht artikulierbarer Zustand des Ressentiments gegen Alles und Jedes. Krisen sind Anlässe, Auslöser, Katalysatoren. Themen sind beliebig. Irgendein Anlass findet sich immer. Politische Machiavellisten nutzen die Gelegenheiten.

Das Ressentiment wächst – und jedes beliebige Thema und Ereignis kann zum Protest führen. Ereignisse und Prozesse, über deren Zweckmäßigkeit, Tragweite oder Richtigkeit man jederzeit diskutieren hätte können, geraten in dieser Stimmungslage in eine sofortige Polarisierung und Extremisierung, in der nur noch Lagerbildung und Anschuldigung, Verletzung und Angriff möglich sind. Max Scheler hat das Ressentiment als eine Art ›seelische Selbstvergiftung‹ beschrieben, die aus einer Diskrepanz erwachse: Einerseits herrscht eine formale, legitimierte *Gleichheit* zwischen Menschen, andererseits gibt es faktisch massive *Unterschiede* in mehreren Dimensionen. Während der Hass zu direkten Reaktionen führe, wachse Ressentiment daraus, dass *auf Dauer bestimmte Gefühle systematisch zurückgedrängt* werden müssen. Ressentiment entstehe aus Ohnmacht.

Ressentiment setze aber, aus Schwächegefühl und Angst, keine Maßnahmen zur Abhilfe, jedes Problem sei nur ein Vorwand, sich kritisch auszulassen. Das angestrebte Ziel sei nicht Problemlösung, sondern Opposition (Scheler, 2017 [1912]).

Das trifft sich mit der Vermutung, dass sich Äußerungen des Unbehagens *beliebige* Protestthemen suchen. Man findet sonderbare ›Aversionskonstellationen‹: Wer den Klimawandel leugnet, leugnet wahrscheinlich auch die Pandemie, und zuletzt stellt er sich mit höherer Wahrscheinlichkeit auf die Seite Russlands. Die Themen haben miteinander nichts zu tun. *Aber vielleicht geht es gar nicht um die Themen?* Der Verdacht drängt sich auf, dass sich eine solide Grundlage von schlechter Stimmung, Ressentiment und Bösartigkeit hinter den themenbezogenen Argumenten und Aktionen findet. Deshalb die Vermutung: *Die Grundlage des Ressentiments findet sich in der Besorgnis über die Gefährdung grundlegender Bedürfnisse, deren Erfüllung bislang als Selbstverständlichkeit und als Recht angesehen wurde.*

Die Feinde sind offensichtlich. Da die Moderne ein hohes Maß an Machbarkeit, Fortschrittlichkeit, Wissenschaftlichkeit und Steuerungskompetenz aufweist, muss es, wenn so Vieles schiefgeht, Schuldige geben. Wo sind die Feinde, die Agenten, die Saboteure, die Verschwörer? Angesichts der Tragweite des Geschehens können es nur mächtige Menschen sein. Es bildet sich deshalb eine pauschale Aversion gegen ›die‹ Eliten heraus, die quer durch die Gesellschaft (und über einzelne Staaten hinaus) als verschworen-korrupte Interessengruppe gesehen werden. Es ist ein Unbehagen, das als *Anti-Haltung* und *Anti-Stimmung* gegen Beliebiges auftritt und ausagiert wird, als ›Kontrarianismus‹, das aber die große Verschwörung der Eliten meist voraussetzt.

Die Themen sind beliebig. Es klingt sonderbar, aber die Themen, die mit Emphase, Leidenschaft und Wut verfochten werden, sind gleichgültig. Sie müssen sich bloß zur Moralisierung, Emotionalisierung und Positionierung eignen. Neuerdings haben Steffen Mau und Mitarbeiter ein ähnliches Modell vorgestellt; sie sprechen von *Trigger-Effekten*. ›Polarisierungsunternehmer‹ reagieren auf vorbeiziehende Themen, die sich für eine ›Aufheizung‹ eignen. Allerdings sind bei Mau politische Akteure im Blick, insbesondere die rechtsautoritären Parteien: »Triggerpunkte sind für uns Sollbruchstellen der öffentlichen Debatte, neuralgische Punkte, Einstiegsfenster des Kontroversen, an denen sich Empörung und Widerspruch, aber auch emphatische Zustimmung artikuliert und die durch eine besondere Emotionalität gekennzeichnet sind.« Das lässt sich genauer verorten: »Triggerpunkte finden sich vor allem dort, wo es zu Verletzungen von Gerechtigkeitsvorstellungen kommt, *wo bestimmte Erwartungen von ›Normalität‹ herausgefordert oder unterlaufen werden*, wo es die Befürchtung von Entgrenzung und Kontrollverlust gibt und wo politische Maßnahmen als Verhaltenszumutungen empfunden werden« (Mau, 2023, S. 22).

»Erwartungen von Normalität werden herausgefordert oder unterlaufen« – der Hinweis spricht exakt unser Thema an. Die Gefährdung der Bedürfniscluster schafft eine negative Grundstimmung, die eine ›erhöhte Temperatur‹ der Wählerschaft bewirkt – und diese erhöhte Temperatur ist es dann, die in strategischer Polarisierung, Eskalation und ›Aufheizung‹ politisch nutzbar gemacht werden kann. Jetzt kommen die *Machiavellisten* ins Spiel. Sie nutzen eine Konstellation. Sie setzen sich auf die Themen. Sie haben ein Interesse an der

Eskalation. Sie werden im Normalfall laut schreien; aber auch ihnen ist das Thema trotz des Geschreis meist gleichgültig. Sie erkennen jedoch das ›Material‹, mit dem sich Aufmerksamkeit erzeugen und Anhängerschaft gewinnen lässt. Die politischen ›Bösewichte‹ werden überschätzt, wenn man ihnen zuschreibt, die schlechte Stimmungslage zu ›bewirken‹, sie sind vielmehr die Freerider der Situation, ihre Eskalateure, die Stimmungsmacher.

Es sind zudem die unzähligen Stimmen ›von unten‹, aus den Tiefen des Netzes, die alltäglich geteilten Missgelauntheiten, die nebensächlichen Bemerkungen, die auf die korrupte Elite und die verfehlte Politik zielen, die Bösartigkeiten und Verbohrtheiten in den Blogs von Zeitungsartikeln, bis zu den ausgefeilteren Verschwörungstheorien (Anton, Schetsche & Walter, 2013). Missgelauntheit und Bösartigkeit kommen aus dem Gefühl der Verlorenheit – im Hinblick auf jene *fundamentalen Lebensbedürfnisse*, denen wir in den folgenden Abschnitten, die sich mit den Bedürfnisclustern (A) bis (E) befassen, nachspüren wollen.

Die Durcheinander-Welt: Orientierung

Bedürfniscluster (A): Ein wesentliches Element des steigenden Unbehagens ist das ›sachliche‹ Orientierungsproblem. Dabei geht es nicht um Wertorientierung oder um Sozialmoral, sondern um Tatsachen und deren Verständnis – um die ›äußere Welt‹. Was ist los da draußen, in der ›Riesenmaschine Welt‹? Viele Menschen sind von der Komplexität der Verhältnisse (und ihrer Beschleunigung und Liquidisierung) überfordert. Man weiß nicht, wie man die Verhältnisse (von der lebenspraktisch-alltäglichen bis zur geopolitischen Ebene) einschätzen soll.

Menschen wollen mit ihrer Lebenswelt und dem gesellschaftlichen Gerüst, das den Rahmen für die Alltäglichkeit bietet, vertraut sein. Das bedeutet: Selbstverständlichkeit, Menschenverstand, Praxis. Aber Komplexität und Unüberschaubarkeit steigen in allen Lebensbereichen.[1] Man weiß nie, ob man nur

1 ›Komplexität‹ heißt nicht einfach, dass etwas unverständlich und nur für die besten Experten einsichtig ist oder ein Gewirr der vielfachen Wechselwirkungen darstellt, sodass man nichts Sinnvolles dazu mehr sagen kann. Komplexität liegt vielmehr vor, wenn eine Situation mehrere Zustände annehmen kann, wenn es keinen klaren kausalen Zusammenhang gibt. Es sind zu viele Informationen und Impulse, Imponderabilien oder Kontin-

halbwegs richtig liegt: bei der Einschätzung der Güter, wo sich der Verdacht erhebt, dass man ständig hinter den Ansprüchen dessen, was man eigentlich wissen müsste, zurückbleibt; und beim eigenen Handeln, wo man die Vermutung hegt, dass man allemal das Falsche tut oder die eigene Unwirksamkeit erfährt. Es geht bei dieser Komplexität nicht darum, dass man die schwarzen Löcher im Kosmos verstehen müsste, sondern darum, dass man schon beim Einkaufen im Supermarkt dem Verdacht mangelnden Verstehens nicht mehr entrinnen kann. Man kennt sich nicht mehr aus: bei der Kindererziehung, beim Digitalen, bei der unübersichtlichen Genderlage, bei der Gesundheit, bei den Jobs. Damit wird keinesfalls unterstellt, dass die Menschen früher besser als heute im Bilde gewesen seien; entscheidend ist der Umstand, dass sie *geglaubt* haben, im Bilde zu sein. Das können bei unterschiedlichen Gruppen auch unterschiedliche oder unvereinbare Bilder gewesen sein, solange diese Gruppen nicht allzu sehr miteinander in Kontakt waren.

Anthropologische Komplexität

Das Problem mit der Komplexität beginnt bei Helmuth Plessner und Arnold Gehlen. Der Mensch lässt sich durch

genzen, Wechselwirkungen und Seiteneffekte im Spiel. Man kann verschiedene Beschreibungen und Erklärungen eines Systems entwickeln, es gibt verschiedene Grade der Abstraktion und der Verallgemeinerung, es sind pragmatische Gründe, die brauchbare Modelle herausfiltern sollen. Im Falle einer gesellschaftlichen Differenzierung haben die einzelnen Teilsysteme unterschiedliche Funktionen und Logiken, sodass auch die wechselseitigen Einflüsse unvorhersehbar werden (Luhmann, 1987, S. 45ff.; Holland, 2014; Mitchell, 2008; Nassehi, 2017).

seine ›*exzentrische Positionalität*‹ auszeichnen (Plessner, 1975 [1928]). Er ist ›unterprogrammiert‹. Er kann das alles nicht, was Tiere durch ihre Instinktausstattung können. Tiere sind in ihre (jeweilige) Umwelt eingebettet, sie nehmen nur das wahr, was für sie (und ihr Überleben) relevant ist. Sie können nicht anders handeln, als sie handeln. Kühen ist auf der Weide vermutlich nicht langweilig. Bienen müssen sich nicht den Kopf über die ökologische Qualität ihres Wabenbaus zerbrechen. Menschen sind hingegen durch *Instinktarmut* gekennzeichnet, die Verhaltensausstattung, die ihnen genetisch mitgegeben ist, ist dürftig; und das ist ihr direkter Nachteil und ihr indirekter Vorteil (Gehlen, 2004 [1940]). Denn sie sind mit einem *Reflexionsvermögen* ausgestattet, welches ihnen gestattet, sich und ihre Beziehung zur Welt zu bedenken (und die Umgebung durch freie Entscheidung umzugestalten). Es ist eine Kluft zwischen Welt und Person. Sie sind nicht ›eins‹ mit ihrer Umwelt. Das bedeutet, auf dieser anthropologischen Ebene, von vorneherein: Komplexität. Deshalb ist der Bezug auf Plessner und Gehlen erforderlich: Die Kluft zwischen der gegebenen Ausstattung des Menschen und der unbegriffenen Wirklichkeit wird (über)kompensiert durch Technik (Praktiken), durch Institutionen (Normen, Regelsysteme), durch Sinn (Bedeutung, Deutung, Interpretation, Weisheit, Erkenntnis, Verstehen, Information, Lernen, Meinung, Fantasie, Kreativität, Glauben, Mythos, Tradition, Symbolik, Kultur). *Wenn aber – wie in der Spätmoderne – Sinn in der Verwirrung endet, wenn Techniken undurchsichtig werden und wenn Institutionen bröckeln, fallen immer mehr Stützen des Verhaltens weg – und das erzeugt Verlorenheit.*

Komplexitätsreduktionsmodelle

Wie sind die Menschen bislang mit Komplexität fertig geworden? In traditionellen Gesellschaften hat man sich bereits eine ganze Menge von Geschichten erzählt, die in die Undurchschaubarkeit der Dinge und Geschehnisse ›Sinn‹ legen.

1. Die älteste war die *religiöse Antwort*: Erzählungen über die Entstehung der Welt und die Herkunft der Menschen, in denen meist übermenschliche Gestalten und ihre ›unerforschlichen Ratschlüsse‹ (oder ihre Willkür) eine Rolle gespielt haben. Menschen denken, Götter lenken. Dass Menschen denken, wird verschiedentlich immer noch vermutet. Aber dass die Götter oder Dämonen mit dem Menschenmanagement betraut sind, wird weniger geglaubt. Unglück wird nur von wenigen mit den Kategorien von ›Schuld und Sünde‹ bearbeitet, ein Schicksalsschlag von wenigen als ›Glaubensprüfung‹ hingenommen (Berger, 1973 [1967], 1980 [1979]). In der Pandemie haben selbst die offiziellen (christlichen) Kirchen vermieden, mit diesen Erklärungsmechanismen zu operieren. Klima ist nicht Glaubensprüfung, und auch die Erklärung des Ukraine-Krieges greift nicht auf die Laune eines göttlichen Machthabers zurück, sondern auf die historisch fragwürdige Perspektive eines früheren Geheimdienstmitarbeiters. Gewisse fundamentalreligiöse Gruppierungen (etwa Evangelikale) sind allerdings nicht nur als Residuen unterwegs.
2. Die Kategorien *Aufklärung*, *Wissenschaft*, *Vernunft* und *Fortschritt* haben die göttliche Allwissenheit abgelöst,

sie wurde in das Diesseits transferiert und als Option den Menschen zugewiesen: Modernisierung und Meliorisierung. Von den linearen Modellen ist man zu etwas komplexeren vorgestoßen, zu Theorien der postindustriellen und postmodernen Gesellschaft, aber immer war die Richtung klar: mehr Differenzierung und Arbeitsteilung, mehr Wachstum und Wohlstand, mehr Wissen und Können, ein besseres Leben. Das war vor den extremen Kriegserfahrungen des 20. Jahrhunderts und des atomaren Zeitalters plausibler, aber durch die Erfahrungen des letzten Dreivierteljahrhunderts einer (europäischen) Beinahe-Kriegslosigkeit ist man diesem ›Lebensfortschrittsgefühl‹ wieder nähergekommen. Trotzdem gilt: Während der Corona-Pandemie sind starke Irritationen über die Wissenschaft aufgekommen, und schon vorher hat es eine Entcharismatisierung der Universität gegeben: »Der Staat verlor […] sein Interesse an der Idee der Universität und half mit, die Bezeichnung für alle möglichen Berufsschulen zu inflationieren« (Eßbach, 2003, S. 408).

3. *Staat* und *Nation* waren die nächsten wirkmächtigen Instanzen, denen man die Zukunft anvertrauen wollte. Dabei sind zunächst Nationalismen am Ende des 19. und am Beginn des 20. Jahrhunderts herausgekommen, die sich, alles in allem, kaum als lebensverbessernd erwiesen haben. Der Staat wurde freilich zu einem ›Wohltäter‹, manchmal in übertrieben-paternalistischer Fürsorge, doch die Leistungen im sozialmarktwirtschaftlichen und wohlfahrtsstaatlichen Bereich waren so beeindruckend, dass sich die europäischen Staaten als jederzeit anrufbare Allzweckagenturen erweisen konnten. Der Staat in seiner

Allwissenheit, Allgegenwärtigkeit und Allkompetenz hat tatsächlich beinahe die Stelle Gottes eingenommen. Dennoch kamen bald die Wirtschaftskrisen, die staatliche Schwäche in der Migrationsfrage, die Inflation – Politik ist überall in starke Kritik geraten.

4. Andere Elemente der Zusammenbindung, der Vereinheitlichung und Einheitsschaffung sind *totalitäre Ideologien*, wie sie durch den Nationalsozialismus und den Kommunismus verkörpert wurden. Diese Ideologien sind mit der Idee einer Schicksalhaftigkeit verknüpft (das Marx'sche Geschichtsgesetz, der Überlebenskampf der arischen Rasse). Und sie brauchen Feinde: Agenten, Verschwörer, subversive Kräfte (wie dies in den Prozessen Stalins zelebriert worden ist). Der temporäre Erfolg der totalitären Ideologien im 20. Jahrhundert kann als Reaktion auf gefühlte Zerfallserscheinungen verstanden werden, als Ideen, auf deren Grundlage die zentrifugalen Kräfte, unterstützt durch einen (als charismatisch imaginierten) Führer, wieder ›zusammengebunden‹ werden sollten. Diese ideologischen Bindungsinitiativen aber haben sich als schreckliches Geschehen erwiesen; doch die autokratische oder totalitäre Versuchung kommt immer wieder auf.
5. Das Schwächeln aller dieser Sinnstiftungssysteme ist in der zweiten Hälfte des 20. Jahrhunderts durch *Wohlstand*, *Konsum* und *Entertainment* überbrückt worden. Es waren zugleich in Europa außergewöhnliche Jahre, eine anomale Epoche in ihrer Friedlichkeit und in ihrem Reichtum. Menschen, die kaufen, schießen nicht. Für Viele handelt es sich um eine lautstarke Füllung der Lebenszeit, um einen Strom von Erlebnissen, mit denen man durch den

Lebensverlauf driften kann. Auf Dauer allerdings scheinen diese Spielwiesen nicht zu genügen – besonders dann, wenn die steten Zuwachsversprechungen nicht mehr eingelöst werden können.

6. Wir werden später noch auf eine weitere Komponente der spätmodernen Sinnstiftungsversuche zu sprechen kommen, nämlich auf die Entfaltung von *Individualität* und *Identität.* Dort finden sich Heils- und Heiligungspotenziale, durch die man verdämmernde religiöse Bedürfnisse zu ersetzen trachtete. Menschen haben sich selbst als ›Götter‹ versucht, wenngleich auch dieser Versuch wenig überzeugend war.

Wissen und Unwissen

Mit dem steigenden Wissensbestand wurden die Dinge nicht einfacher, sondern komplizierter – denn noch rascher als das Wissen stieg das Wissen davon, was man alles nicht wissen konnte. Aus diesem Prozess ergeben sich zwei Widersprüche.

1. Die spätmoderne Gesellschaft versteht sich als *Wissensgesellschaft*, als *Wissenschaftsgesellschaft*, als *Informations-* und *Kommunikationsgesellschaft* (Bittlingmayer, 2005; Engelhardt, 2010; Jäger, 2007; Krücken, 2002; Mittelstraß, 2003; Willke, 2001) – von diesem Selbstbewusstsein wird das Gefühl getragen, dass man das Leben besser im Griff hat, dass man Erkenntnisse erweitert, dass man mit Naturgesetzen besser umgehen kann, dass man die alltägliche Umwelt effizienter, verträglicher, bequemer und sicherer gestalten kann. In der digitalen Ära hat sich das Informa-

tionspotenzial und das Machbarkeitsgefühl ausgeweitet. Dem aber stehen Verunsicherung und Desorientierung gegenüber. Die naive Aufklärung ist nicht mehr Zukunft. Zugleich mit der tatsächlichen Leistungserweiterung der Menschheit wächst das Gefühl, *die Dinge nicht im Griff zu haben*. Ist die ›mediterrane Diät‹ noch gültig oder schon überholt? Wie erzieht man Kinder? Warum rebellieren die Huthi? Eigentlich wissen wir so Vieles nicht.

2. Die komplexe Welt wird zu einem verwirrenden Ensemble von Verhältnissen, in denen selbst im Alltag zwischen dem Möglichen und Unmöglichen nicht mehr zu unterscheiden ist. Die moderne Komplexität entsteht durch *Arbeitsteilung*, die zugleich auch eine *Wissensaufteilung* mit sich bringt. *Ein Wissensparadoxon: Wissen steigt ungeheuer an, aber der Anteil des Gewussten am Wissbaren sinkt.* Im eigenen Arbeitsbereich werden wir besser, in den Arbeitsbereichen der anderen verstehen wir immer weniger. Als normaler Mensch muss man immer mehr Behauptungen glauben, die man nicht überprüfen kann, mangels Qualifikation und wegen der Wissensfülle. Vielfach weiß man, was man alles nicht weiß, und das ist beschämend. Vielfach weiß man nicht, was man alles nicht weiß, und das ist bedrohlich. Man muss sich mit ›rationaler Ignoranz‹ bescheiden (Somin, 2015) – das fördert nicht das Selbstbewusstsein.

Machbarkeit und Unwissen

Die spätmoderne Gesellschaft versteht sich als eine der *Machbarkeit*, *Planbarkeit* und *Eingriffsfähigkeit*. Die digitale Welt eröffnet ungeahnte Möglichkeiten: Big Data, Künstliche Intelligenz, Algorithmen (Nassehi, 2019). Es sind jene Apparaturen, die bei steigender Komplexität auch unsere *Komplexitätskompetenz* steigern sollen. Demgegenüber sind wir auch mit dem Erleben hoffnungsloser Dynamiken konfrontiert, etwa im Umweltbereich. Signalisiert die ferne Grenze der Selbstvernichtung nicht Unsteuerbarkeit? Muss man nicht doch von *Komplexitätsüberforderung* sprechen? Soll man die Fruchtsäfte besser mit Zucker oder mit Süßstoff kaufen? Ist der Kauf eines E-Autos sozialethisch, ökonomisch, ökologisch und/oder geopolitisch sinnvoll – was sind die *trade-offs*?

Zum mangelnden Wissen kommt das *Abhängigkeitsparadoxon*. Einerseits herrscht die Ideologie von Individualismus, Selbstbestimmung, und Autonomie des Einzelnen, andererseits steigt die Abhängigkeit von anderen Menschen, von Institutionen und Verfahrensweisen – Vernetzung, Verflechtung, Arbeitsteilung und Differenzierung erfordern Vertrauen, dass die anderen Menschen und Organisationen funktionieren. Jede Störung unterbricht angesichts der ausgefeilten und verästelten Verkettungen den gesamten Prozess: Um die frischen Brötchen auf den Frühstückstisch zu bekommen, muss vorgängig eine ganze Reihe von Menschen ›funktioniert‹ haben. Man hat die Verletzlichkeit in Lieferketten während der Pandemie gesehen: Eine Unterbrechung bei der Entladung und Beladung von Schiffen hat Folgewirkungen in vielen Branchen gehabt, die teilweise ihre Produktion einstellen mussten, weil Materialien oder Vorprodukte fehlten.

Das steigende Wissen schlägt sich nicht nur in komplexen Apparaturen nieder, es dringt auch in *alltägliche Verrichtungen* ein. Niemanden beschwert es, wenn er Quantenphysik nicht versteht. Aber das alltägliche Essen ist eine andere Sache.

Essen war seinerzeit für beinahe alle Menschen eine einfache Angelegenheit, man hat zu den Nahrungsmitteln gegriffen, die verfügbar waren (und das gilt auch heute noch für weite Teile der Welt). In den reichen Gesellschaften hat sich das Essen technisch, wissensmäßig, medizinisch, kulturell und symbolisch aufgeladen. Wenn man etwa auf die Nahrungsmittel, mit denen man seinen Körper über Jahrzehnte traktieren möchte, achten will, müssen Beschreibungen, wie sie auf den Packungen verpflichtend angebracht werden müssen, studiert werden, und allenfalls muss man sich zusätzliche Informationen aus dem Internet holen. Was sind die fragwürdigen Nahrungsmittel-Zusatzstoffe? Woher kommen die Fertigprodukte der Nahrungsmittelindustrie? Welche Produkte oder Zutaten kommen aus dem Inland oder Ausland? (Und macht das einen Unterschied?) Zu welchem Fettgehalt im Joghurt lässt man sich hinreißen? Das Käseregal: Man denkt an die Cholesterin-Werte aus dem letzten Blutbefund. Was war doch gleich gesünder: Weichkäse oder Hartkäse? Gebietet es die Sorge um die eigene Gesundheit oder um die klimatische Beschaffenheit der Welt, überhaupt auf den Vegetarismus umzusteigen?

Man weiß nicht mehr, wo einem der Kopf steht: Ist Psychotherapie für Hunde ein Desiderat oder eine Verrücktheit? *Normalität im Sinne eines Wissens um die ›Sache‹ schwindet.* Das Referenzgebäude, an dem Faktizität gemessen werden könnte, schwindet gleichfalls. Es eröffnet sich ein weites Feld von *Optionalitäten*. Bei der Facebook-Anmeldung soll man das Geschlecht eintragen, aber Facebook hat gelernt – es bietet jetzt 60 Geschlechter an. Selbst einfache Dinge wie Männlichkeit und Weiblichkeit werden kompliziert. Wenn die Unterscheidung zwischen Fakten und Fiktionen, zwischen Möglichem und Unmöglichem schwindet, wird alles für möglich gehalten. Dann ist auch die *Entzauberung* der Welt umkehrbar, und es kann zumindest eine *partielle Wiederverzauberung* geben. »Man kann sicher die These vertreten«, behauptet Armin Nassehi, »dass Komplexität und Unübersichtlichkeit den Grund für die Renaissance des Populismus darstellen« (Nassehi, 2017, S. 22).

Artifizielles Ambiente

Die Komplexität in der Dritten Moderne (Luhmann, 1987, S. 45ff.) entsteht durch ein *ausdifferenziertes soziales und artifizielles Ambiente*, das der geistigen Gestaltungskraft des Menschen entspringt. Es handelt sich um eine Fülle von Apparaturen, welche die Nutzerinnen und Nutzer nicht mehr verstehen. Im Grunde wissen wir nicht, wie die banalen Dinge funktionieren: vom Kühlschrank zum Bildschirm, vom Automotor zum Smartphone, von den Feedbackprozessen der Heizungsanlage bis zum digitalen Fieberthermometer. Man braucht das auch alles nicht zu wissen, solange benutzerfreundliche Schnittstellen bestehen, solange wir also wissen, welche Knöpfe zu drücken sind. Allein dieser Umstand relativiert die Rede von der Wissensexplosion. *Es sinkt der Prozentsatz der Funktionsweisen, über die wir Bescheid wissen.* Nicht die Nutzerinnen und Nutzer werden kompetenter, sondern die Apparate: Im Verhältnis zu deren Intelligenz werden die Akteure immer ›dümmer‹. Auch wenn man mit der Welt zur Not umgehen kann, ändert das nichts an ihrer *Unverständlichkeit.* Wir legen Distanz ein zu den ›Dingen‹, eine Art von Entfremdung von den Werkzeugen. Der Mediziner sieht seine Patientin nur durch die Apparate. Der Automechaniker ist vom Diagnosegerät abhängig. Assistenzsysteme stellen sich zwischen den Menschen und seine Objekte: *Menschen werden letztlich immer weniger entscheiden.* Sie werden auch nicht wissen, wer was wie warum entschieden hat. Günther Ortmann betont:

> »Komplexe soziale Systeme sind keine Besonderheit der Moderne. Wo wir es jedoch mit verlängerten Handlungsketten, mit gesteigerter Interaktion interagierender Teilsysteme, mit verschärfter zirkulärer Interaktion und Selbstverstärkung, ergo mit gesteigerter Komplexität im Sinne von Unüberschaubarkeit zu tun haben, da kommt es zu einer Drift in einen ›prometheischen‹ Zustand: Wir können mehr und mehr, aber die Lücke zwischen dem verfügbaren und dem erforderlichen Können wird größer und größer« (Ortmann, 2009, S. 57).

Medialität und Digitalität

Zur artifiziell gewordenen Umwelt gehört auch der Bereich der *Medialität*. Die Vielfalt von Kanälen, Botschaften, Bildern und Suggestionen verschärft die Sachlage. Sie bedeutet erlebte Überforderung, steigende Hilflosigkeit: *Die Informationsflut kollidiert mit den begrenzten Aufnahme- und Verarbeitungskapazitäten der Menschen.* Eine Kluft tut sich auf, die Informationen werden immer widersprüchlicher, auch Experten sind sich nicht einig. Die empirischen Befunde über das politische Wissen der Menschen sind ernüchternd. Bei Umfragen geben sie klare Urteile ab über Menschen und Projekte, die es gar nicht gibt. Wenn man denselben Menschen vier Wochen später dieselben Fragen stellt, gibt es keinerlei Korrelation zwischen dem ersten und dem zweiten Durchgang. Normalerweise wird gelogen, weil man nicht Bescheid weiß. Selbst innerhalb eines Interviews werden gegensätzliche und unvereinbare Äußerungen abgegeben (Somin, 1998, 2006; Friedman, 2007). Man wahrt sein Gesicht durch Bluff.

Mit Medien interagiert man tagtäglich länger als mit realen Menschen. Die durchschnittliche Qualität der Informationsflüsse hat sich aber offensichtlich verschlechtert, da alle bisherigen Selektionsmechanismen ausgeschaltet worden sind. Geistige Höchstleistungen versus Manipulationen, wissenschaftliche Analysen versus Bauchgefühle, empirisch bestätigte Befunde versus haltlose Spekulationen sind nicht unterscheidbar. Für das massenhaft vorhandene ›Einfachdenken‹ (Vobruba, 2019) sind Berichte, die Klarheit und Einfachheit, Gewissheit und Eindeutigkeit versprechen, glaubwürdiger: künstliche *Vereindeutigung* einer uneindeutigen Welt (Bauer, 2018).

Die rasante Digitalisierung verschärft den Zustand der unbehaglichen Wissensschwäche. Armin Nassehi hat einen einfachen Sachverhalt originell formuliert (Nassehi, 2019), indem er fragt: Worauf ist der Computer die Antwort? Was war eigentlich die Frage? Die Antwort lautet im Grunde: *Komplexität.* Die Welt ist so kompliziert geworden, dass sie überhaupt nur noch durch Computer und Roboter beherrschbar ist. *Menschen sind dafür zu einfach gestrickt.* Wir schaffen und bewältigen die Komplexität durch intelligente Maschinen, und diese Maschinen sind in vielen jener Bereiche, die sie bearbeiten können, intelligenter und zuverlässiger als wir. So ist es im Medizinbereich zuverlässiger, binnen weniger Minuten eine Blutanalyse vorzunehmen, als sich damit zufriedenzugeben, in Mund und Augen des Patienten zu schauen. Es ist besser, ein EKG zu machen, als mit dem Stethoskop das Herz abzuhorchen. Wenn in ein Auto Tausende von Teilen, geliefert von Hunderten von Zulieferern *on time*, hineingebaut werden, dann ist dies mit Telefonaten, Briefen und Karteikarten nicht zu bewältigen. Zehntausende Produkte in einem Supermarkt. Hunderttausend Pakete auf dem Postamt. Ohne Digitales geht es nicht.

Wenn *Informationsflüsse* stocken, bricht die Welt zusammen. Die Apparate haben eine Komplexität ermöglicht, die nur noch durch die Apparate zu bewältigen ist. Es ist die Frage, welche der beiden Entwicklungen, *Komplexitätswachstum* oder *Komplexitätsbewältigungswachstum*, schneller verläuft. *Die allwissende Gesellschaft ist deshalb zugleich eine unwissende Gesellschaft.* Die Menschen wissen alles – und deshalb wissen sie nichts. Die künstliche Intelligenz könnte die letzte Erfindung des Menschen sein, danach erfinden Maschinen, was immer ihnen ›vernünftig‹ erscheint. Ernstzunehmende Theoretiker behaupten, diese Phase werde in der Mitte des Jahrhunderts erreicht sein (Kurzweil, 2005). Die KI muss nicht alles können, was Menschen tun, um Superiorität zu erlangen. Sie muss nur in einigen entscheidenden Dingen besser sein als Menschen – was selbstverständlich der Fall sein wird. Aber was wird dann? Problembewältigung durch weitere Apparaturen, durch zusätzliche Algorithmen, die letztlich ebenso undurchschaubar werden. Maschinen werden das geeignete und erforderliche Wissen auswählen und aufbereiten.

In der ersten Phase der Informationstechnologien hat man

damit gerechnet, dass Information und Transparenz eine höhere *Vernünftigkeit* von Interaktionen und Bewertungen erzeugen würden. Mittlerweile hat sich gezeigt, dass Informationsfülle keineswegs Rationalität erzeugt. *Das Netz ist ein Füllhorn, aber auch eine Büchse der Pandora.* Die Fülle des abendländischen Wissens ist zugänglich, aber der Verlust von Selektionsmechanismen produziert mehr *Bullshit* als Kultur (Frankfurt, 2005). Man hat es mit unverstandener, oberflächlicher, halbrichtiger, lügenhafter und instrumentalisierender Information zu tun; noch wichtiger: Sie lässt sich von seriösen Wissensbeständen oft schwer unterscheiden. Desinformation wächst schneller als Information. Ob demokratische Ordnungen diese Systeme der Wissenslogiken überleben können, ist unklar.

Manche meinen, statt der *Wissensgesellschaft* (Weingart, 2001) bereits eine *Unwissensgesellschaft* (Srubar, 2006) zu erkennen. Beides stimmt. Wer das Unwissen durch noch mehr Wissen überwinden will, scheint zu scheitern; oder er sieht sich zum Potemkinschen Dorf genötigt. Aber man merkt es. Alle reden durcheinander. Nach der Götterdämmerung kommt die Gesellschaftsdämmerung, sagt Sloterdijk. Letzteres bedeutet:

> »Die Offenbarung des Wahren und Wesentlichen geht nicht mehr von oben aus – nicht mehr von priesterlichen Verwaltern des maßgeblichen Worts, von offiziellen Lobrednern der herrschenden Zustände, von Fürsten und klerikalen Stellvertretern Gottes. Die neuen Wortführer sind Weltkinder, die zur Mitwelt reden. Es beginnt ein Zeitalter der Selbsternennungen, der spontanen Wortergreifungen, der Zeugenschaften, der Projek-

> tionen und Agitationen von unten, innen und außen. Empirische Zustandsbeschreibung und säkulare Predigt nähern sich einander bis zur Verwechselbarkeit an« (Sloterdijk, 2020, S. 178f.).

Aus der Digitalität ergibt sich keine positive ›Trajektorie‹ in die Zukunft. Im Ozean des Wissens, das keines ist, geht man verloren.

Orientierungsüberschuss

Wir werden uns, auch in den nachfolgenden Bedürfnisclustern, jeweils von den Rändern, den Extremen, zur Mitte vorarbeiten. Im Konkreten heißt das: in jedem Problembereich ein Zuviel und ein Zuwenig beschreiben, einen Überschuss und ein Defizit. Es geht darum, den (funktionsfähigen) mittleren Bereich einzukreisen. Was heißt also *Orientierungsüberschuss*? Das Nachschlagen im Internet hilft nicht immer: Helfen die Kräuter- und Wurzelextrakte wirklich gegen X oder sind sie nur Betrug? Welches Smartphone soll man kaufen, mit welchem Vertrag – wie steht es mit Netzabdeckung und Dienstzuverlässigkeit? Alles, was seine Selbstverständlichkeit verliert, braucht Entscheidung. Jede Entscheidungsnotwendigkeit bedeutet Informationssuche. Jede Informationssuche endet mit Überlastung und Irritation. Es ist eine riesige Walze von *Überinformation*, die nicht mehr zu verarbeiten ist. Es gibt keinen Weg *zurück* in eine Welt, die man im Griff zu haben glaubt, und keinen Weg *vorwärts* in eine Welt, in der alle Informationen transparent und verstehbar sind. Beipackzettel für Medikamente werden nicht auf zehn Zeilen gekürzt werden. Europäische Vorschriften für Nachhaltigkeitsberichte haben mehrere hundert Seiten. Die seinerzeit vorgeschlagene Steuererklärung auf dem Bierdeckel wird es nicht geben. KI kann uns alles erklären, aber wir werden es nicht verstehen.

Man kann von einem *kommunikativen Dadaismus* sprechen: Das Rauschen unendlicher Informationen erzeugt bloßes Rauschen, punktuell-serielle Informationen, die miteinander nicht verbunden sind, eine Fülle von Signalen, die sich zu nichts fügen, Information ohne Informiertheit, Zeitverlauf ohne Schicksal. Die Fernsehnachrichten dienen als Modell: Wir erfahren alles, aber alles in Zerstückelung, Relevantes und Irrelevantes, in Form eines ungeordneten Haufens. *Die neue Unübersichtlichkeit* nennt dies Jürgen Habermas (1985), *Stressgesellschaft* notiert Karl Peter Fritzsche (1998), den *überforderten Menschen* sieht Patrick Kury (2012). Die Welt wird fremd.

Orientierungsdefizit

Die meisten Menschen haben nicht die Fähigkeit, sich auf widersprüchliche und veränderliche Informationen einen Reim zu machen. Sie fühlen sich verwirrt, sie glauben gar nichts mehr, sie beantworten dieses (demütigende) Gefühl mit Aggressivität. Dann sind die Einfachanbieter für Einfachnachfrager unterwegs. Sie erzählen holzschnittartige Probleme und offerieren holzschnittartige Lösungen. *Aus der Überkomplexität wird Unterkomplexität.*

Die Spätmoderne scheint nicht so sehr zur großen rationalisierten Maschinerie im Weber'schen Sinn, sondern zu einem *autonomen Gewimmel* von Luhmann'schen *Autopoiesis-Gebilden* geworden zu sein – ein Durcheinander von jeweils eigendynamischen, einander widersprechenden Partialsystemen, die in sich schon unverständlich und miteinander unverträglich sind. Ein paar unerwartete Schocks sind in den letzten Jahren hinzugekommen, insbesondere die Erfahrung der Pandemie. Plötzlich taucht ein Virus auf, verbreitet sich in einer Welt, in der sich die Menschen über ihre Körperlichkeit erhoben wähnten: kein *quasi-futuristisches* Szenarium mehr, welches beinahe schon zur selbstverständlichen Erwartung geworden ist, mit *Human Enhancement* und der Option baldiger diesseitiger Unsterblichkeit (Coenen, 2010), sondern ein beinahe *archaisches* Pest-Szenarium, als ob das Mittelalter zurückgekehrt sei (Sorokin, 1968), zeitweilig mit den Methoden des 14. Jahrhunderts wie Kontaktvermeidung, Abstand, Maske, Händewaschen und Quarantäne. Trotz der Leistungen des wissenschaftlich-medizinischen Sektors haben sich die Schwierigkeiten des Publikums gezeigt, mit den Eigenarten eines falsifizierbaren, revidierbaren und probabilistischen Wissens zurande zu kommen.

Es ist in vieler Hinsicht nicht mehr klar, *was überhaupt als Realität zu gelten hat.* »Auf den Punkt gebracht besteht die epistemische Krise darin, dass die Legitimationschancen eines konsensuell als ›unhintergehbar‹, beweiskräftig beziehungsweise überprüfbar akzeptierten Wissens schwinden« (Dimbath, 2021, S. 37). Für jede Expertise sei rasch eine Gegenexpertise zur Hand, und man könne zwischen ihnen nicht unterscheiden. Dann lande man schnell bei der kognitiven Dissonanz (Festinger, 1957), d. h. man glaube jener Information, die mit dem eigenen Weltbild und den eigenen Vorurteilen vereinbar ist. Aus dem Hintergrund erklären Viele, dass es ohnehin kein objektives Wissen gibt.

Das Realitätsproblem wird durch ein *Relevanzproblem* ergänzt. Weltorientierung bedeutet auch, das Relevante und Irrelevante unterscheiden können. Ohne derlei Unterscheidungen könnten wir nicht leben. Aber Digitalisierung und Kommunikativierung liefern starke Impulse zur *Einebnung von Relevanzstrukturen: Information ist Information.* Eine Sequenz von Belanglosigkeiten und Sensationen, ununterscheidbar. Das führt zum Wirklichkeitsverlust. (Das Robert Koch-Institut und ein niedergelassener Arzt aus Tirol äußern sich gegensätzlich über die pandemische Situation – aber für die meisten Menschen ist der Relevanzunterschied zwischen den beiden Sprechern nicht klar.)

Orientierungsbalance

Die Trivialität gilt auch für andere Bedürfniscluster: Eine stabile, überlebensfähige Gesellschaft muss die extremen Varianten, in diesem Fall *Orientierungsüberschuss* und *Orientierungsdefizit*, vermeiden und sich irgendwo in der (epistemischen) ›Mitte‹, in der Normalität, zu halten trachten. Überfordernde Komplexität erfordert die Akzeptanz der *eigenen Unzulänglichkeit.*

Der Bereich der Mitte soll nicht als eine Art von *Optimierungskalkül* verstanden werden, als jener Platz in einer *Vorteilhaftigkeitskurve*, bei der sich die gewünschte und nicht mehr steigerbare Kombination von Komplexitätsakzeptanz und Weltverständnis finden lässt. Es gibt eine Bandbreite. Die Grundidee bleibt allerdings, dass Modelle der weitgehenden Geschlossenheit (Verfügbarkeit über alles notwendige Wissen) sowie Modelle der weitgehenden Offenheit (man braucht kein konsistentes Wissen) nicht nachhaltig oder selbsterhaltungsfähig sind. *Ein Modell des weitgehend geschlossenen Wissens* ist Träumerei, die man romantisch oder technokratisch akzentuieren mag; es ist praktisch nicht umsetzbar, allen großartigen Utopien zum Trotz, und es verhindert Dynamik. Ein *Modell des weitgehend offenen Wissens* würde Wahrnehmungs- und Handlungsprobleme aufwerfen, die bei alltäglichen Ineffizienzen und Unlustgefühlen beginnen und in Steuerungsproblemen auf der Meso- und Makroebene enden. Wir sollten es de facto mit einem mittleren, ›normalen‹ Verständnisniveau zu tun zu haben. Lückenhaftes und Diffuses muss man hinnehmen.

Der zerrissene Baldachin: Werte

Bedürfniscluster (B): In einer globalisierten, individualisierten und kosmopolitisierten Welt ist der Baldachin schwer beschädigt – als ›Baldachin‹ bezeichnen wir jene einigermaßen konsistente Wertewelt, die, bei aller Bedrängnis, normative Beheimatung geboten hat. In der fragilen Pluralität der Verhältnisse, Individualismen und Multikulturalismen ist der Kosmos der Werte in ein Durcheinander geraten.

Wenn wir schon bei der Metapher bleiben: Der Baldachin ist durch die Stürme der spätmodernen Entwicklungen gegangen, die ihn recht mitgenommen haben. Die Plane ist zerrissen, die Abdeckung löchrig, Fetzen flattern im Wind. ›Baldachin‹ der gemeinsamen Werte ist ein treffender ›literarischer‹ Begriff von Hans-Georg Soeffner (2000) und Peter L. Berger (1973 [1967]). Die Verunsicherung, die wir im vorigen Abschnitt mit dem Begriff der *Durcheinander-Welt* angesprochen haben, war eine Verunsicherung der Fakten, der Sachlage, der Informationen, der Maschinerien, der erfolgreichen Verhaltensweisen – also die *kognitive* Dimension des Weltbezugs. Es geht dabei um die Fragen: Was ist der Fall? Wie können wir die Welt verstehen? Wie können wir effizient handeln? Die Verunsicherung, die wir mit dem Begriff des *zerrissenen Baldachins* ansprechen, ist eine Verunsicherung des Sollens, der Werte, der Handlungsorientierung – also die *normative* oder *moralische* Dimension des Weltbezugs. Es geht um Fragen wie: Was ist geboten und verboten, anständig und unanständig, gut und böse? Wie sollen oder müssen wir entscheiden und handeln?[1] Wie sollen wir die Welt gestalten?

Werte wollen wir nicht pathetisch verstehen. Letztlich sind materiale Wertlehren in der Moderne meist hilflos, wie schon Max Weber gezeigt hat. Aber wenn man von ›sozialen‹, ›sozial verankerten‹ oder ›gesellschaftsprägenden‹ Werten spricht, handelt es sich auch nicht nur um beliebige individuelle Setzungen. Eine gesellschaftliche Werteordnung ist – natürlich – fragmentiert, liquide, inkonsistent und wandelbar. Aber sie ist nicht unendlich fragmentiert, unendlich liquide, unendlich inkonsistent und unendlich wandelbar. *In einer Gesellschaft ohne gemeinsame Werte würde man nur mit schwerer Bewaffnung auf die Straße gehen können.* Wechselseitiges Vertrauen kann nicht nur darauf bauen, dass jeder seine Interessen vernünftig kalkuliert. Das blanke Interesse könnte oft gebieten, den anderen über das Ohr zu hauen oder ihn

1 Natürlich hängen die kognitive und die normative Dimension in mancher Weise zusammen. Manchmal ist das Normative doch von der Sachlage, vom Faktischen, abhängig. Wenn man weiß, welche ökologischen Folgen die Rindfleischproduktion hat, wird dies von Belang sein für die Selbstverpflichtung, weniger Fleisch zu essen oder sich zum Vegetarismus zu bekehren. Die Vorstellung, wie die Psyche und die Sozialisation eines Kindes beschaffen sind, wird Folgen haben dafür, was man für den angemessenen (oder auch: moralisch gebotenen) Umgang mit dem Kind hält. Das bedeutet nicht, dass man aus der Realität die Normativität (also aus der Tatsache die Norm) ableitet – so weit reicht die klassische Wertfreiheitsthese schon noch, die das Sein und das Sollen unterscheidet.

umzubringen. Es muss so viel ›Gemeinsamkeit‹ geben, dass Menschen miteinander leben können – und nicht jeder seine Leibwächter mitbringen muss (Frevert, 2003; Hartmann & Offe, 2001; Luhmann, 2000 [1968]; Fukuyama, 1996; Hardin, 2002; Hollis, 1998; Seligman, 2000).

Es ist also nicht pathetisch oder moralisierend, sondern alltagspragmatisch und empirisch gemeint: Die Menschen suchen eine zumindest so weit einheitliche Wertekonstellation, dass man in den wichtigen Dingen zu wissen glaubt, was gilt. *Man will nicht permanent ratlos sein.* Oder dumm dastehen. Das hat mit Identität, Selbstsicherheit, Selbstwirksamkeit, auch mit der ›sozialen Existenz‹ zu tun: Diese beruht darauf, dass man (in der Terminologie der nachgelassenen Schriften von Norbert Elias, 2022) die ›sozialen Kanones‹ der Gruppe kennt, dass man Peinlichkeiten, Kollisionen und (schlimmstenfalls) Verfemung vermeidet. Aber da sich die Moderne dem Pluralismus, der Differenzierung, der Vielfalt, der Flexibilität und Liquidität verpflichtet, da sie Individualisierungsmöglichkeiten und Freiheiten schafft und die festen Strukturen auflöst, fühlt man sich verschiedentlich hilflos und überfordert. Das ist kein gutes Gefühl.

Aufstieg der Entscheidungsnotwendigkeit

Das Problem des Sich-zurecht-Findens wurde überforderten Menschen durch *Routinen*, *Institutionen* und *Praktiken* erleichtert, denn alles, was man als zwingend oder selbstverständlich erfährt, muss nicht andauernd bedacht und entschieden werden. Jede Nicht-Entscheidung ist lebenserleichternd. In der spätmodernen Komplexität müssen hingegen immer mehr *Entscheidungen* gefällt werden – es drängt sich nicht auf, was die ›richtige‹ Entscheidung ist, in sachlicher und in wertebezogener Hinsicht. *Auch Alltagsentscheidungen werden in steigendem Maße moralisiert.* Was schuldet man dem Ehepartner oder der Partnerin? Darf ich dem Kind nur noch Spielzeug mit biologischer Zertifizierung kaufen (und ist alles andere unverantwortlich)? Darf man im öffentlichen Verkehr schwarzfahren, wenn sich die Gelegenheit ergibt (immerhin fährt man ›öffentlich‹)? Schummelt man bei der Haushaltsversicherung, weil jeder schummelt? Was früher gar nicht als Problem wahrgenommen wurde, wird zu einem *Entscheidungsproblem* und damit häufig zu einem *Werteproblem*. Die Referenzen, auf die man Bezug nehmen kann, um die Entscheidung wertkorrekt zu fällen, sind vage, widersprüchlich oder unverfügbar. Man gerät immer öfter in die Situation, dass man rückblickend überlegen muss, ob man eine richtige Entscheidung gefällt hat – oder ob man unmoralisch, unverständlich oder falsch gehandelt hat, im *informational overflow* und im *possibility overflow* (Priddat, 2012, S. 17). Die Sicherheit, dass man das Richtige tut, hat sich verflüchtigt.

Talcott Parsons (1968 [1964], 1975 [1966]) hat in der Mitte des vorigen Jahrhunderts noch eine ›geschlossenere‹ Version des Wertemodells vorgelegt: die Idee einer die gesellschaftlichen Teilsysteme prägenden *normativen Gesamtordnung*. Auch neuere Konzepte haben die großen Werteströme zu beschreiben versucht, so etwa die Beobachtungen Ronald Ingleharts (1977, 1984) über den Umschwung von materialistischen zu *postmaterialistischen* Werten oder die Idee einer *Erlebnisgesellschaft* von Gerhard Schulze (1992, 2004). Doch am einflussreichsten ist wohl Niklas Luhmann geworden, und er hat die schlechteste Botschaft zu verkünden: Werte sind (in seiner Diktion) symbolisch generalisierte Kommunikationsmedien, die bloß eine schwache Bindung bieten, sie beruhen nicht auf einem differenzierten Teilsystem, sie bieten höchstens ganz allgemeine Orientierungen, sie eignen sich nicht als tragende Struktur der Gesellschaft. Es gibt kein allgemeines und brauchbares Wertsystem für die Gesellschaft. *Werte sind einfach eine Unterstellung, die wirksam ist, solange sie wirkt* (Luhmann, 1987).

Eine mittlere Perspektive bietet Émile Durkheim (1992 [1893]), der seine Beobachtungen über Arbeitsteilung und gesellschaftliche Differenzierung am Ende des 19. Jahrhunderts mit der naheliegenden Schlussfolgerung verbunden hat, dass eine pluralistische und individualistische Gesellschaft den Anteil jener Wertauffassungen verringern muss, die den Menschen gemeinsam sind. *Wenn man auf verschiedene Weise lebt und arbeitet, dann denkt man auch unterschiedlich* – wie dies später auch Karl Mannheim (1964) ausführte. Dann splittern sich die Werte auf. Mittlerweile ist viel gesplittert.

Normative Irritationen

Die erforderliche *Normen-* und *Sinnstiftungsquelle* wurde lange Zeit durch die Religion hergestellt, dann durch Vernunftglauben und Nationalismus, schließlich durch moderne totalitäre Ideologien (Bracher, 1985) wie den Marxismus und Faschismus. Aber die ›*großen Erzählungen*‹ (Lyotard, 1986 [1979]) sind allesamt geschwunden. Es gibt ein paar kleinere Weltanschauungscluster, die übriggeblieben oder neu entstanden sind, vom Vegetarismus bzw. Veganismus bis zum

Feminismus: die ›*kleinen Erzählungen*‹. Es sind Partialideologien, die allerdings so ausgeweitet werden können, dass sie zu tragenden ideellen Gebilden werden und für eine Gesamterklärung (für Psyche und Mensch, für Gesellschaft und Welt) reichen.

Verbreitet sind die *banalen Wertäußerungen*, für die sich alle deswegen ›kritisch‹ ins Zeug legen, weil sich alle dafür ins Zeug legen. Wir sind für: Nachhaltigkeit, weibliche Gleichberechtigung, Solidarität, Demokratie, Offenheit und Toleranz, Frieden und Freundlichkeit, Menschenrechte usw. Wir sind gegen: Rassismus, Antisemitismus, Ausbeutung, Armut, sexuelle Belästigung, Gewalt, Populismus, Pädophilie, Kolonialismus usw. Aber das ist bloß das Kräuseln von semantischen Wellen über den Tiefen und Untiefen einer undurchsichtigen Werteszenerie (Prisching, 2022). *Menschenwürde* und *Menschenrechte* sind Allgemeinbegriffe, die als Allzweckwaffe (auch für partikulare Interessen) eingesetzt werden. *Respekt* und *Augenhöhe* sind auch beliebt, oft bei jenen, die keinerlei Bemühungen zeigen, sich auch nur ein wenig Respekt zu verdienen.

Im Angebot finden sich schließlich auch die ›*kritischen*‹ *Narrative von gestern*. In der explodierenden Medien- und Kommunikationswelt werden die aktuellen Storys, Narrative und Symbolisierungen zu einem großen Teil von Angehörigen jener Generation geliefert, die ihr Erwachsenenalter in den 1970er und 1980er Jahren erreicht haben, also von einer Situation geprägt waren, in der die Jugendlichen in Bohème- und Pop-Kultur vorstießen, in einem Protestmodus groß wurden, in Absetzung gegen Restriktion und Tradition, gegen Geschlossenheit und Bravheit ihr Selbstbild entwickelten.

Deshalb kultivieren die Kommentatoren, Zeitgeistpräger und Schriftsteller am Beginn des 21. Jahrhunderts oft ihren erlernten Protestmodus – in einer Zeit, in der längst alle Türen offenstehen, die sie vormals einzurennen bemüht waren. Das Immer-noch-Einrennen der offenen Türen hat etwa Lächerliches.

Manche versuchen die *Synthese*. Man kann Suchprozesse finden, die (durchaus nicht unvernünftig) *Kompromisse* zwischen den Wertewelten herzustellen versuchen. Solche Verschiebungen hat etwa Stefan Hradil (1995) schon vor zwei Jahrzehnten beobachtet: Schon seit den 1990er Jahren seien etwa die Möglichkeiten der individuellen Selbstverwirklichung zu einer Selbstverständlichkeit geworden, es bestand daher wenig Anlass, ein solches Anliegen wertemäßig mit Vehemenz zu propagieren; andererseits habe man bereits gewisse Schattenseiten der radikalen Selbstverwirklichung wahrgenommen. Die Jugendlichen waren nicht mehr gezwungen, ihre Freiheiten zu erringen gegen restriktive Personen und Strukturen, manchmal erlebte man vielmehr bereits die »Überkomplexität des Wählbaren« (Hradil, 2003, S. 122): Sie haben mehr Optionen, aber keine Kriterien zur Auswahl der ›richtigen‹ Option. Man landet oft bei der nachträglichen Vermutung, nicht optimal entschieden zu haben.

Insgesamt herrschen also viel *Verwirrung* und *Beliebigkeit*. Die persönliche Wertewelt löst sich auf in den ›multiplen Selbsten‹, in den ›Wer-bin-ich-und-wenn-ja-wie-viele?‹-Konstellationen (Precht, 2012) oder in der ›Flüchtigkeit‹ aller Zusammenhänge (Bauman, 2003 [2000]), trotz aller Beschwörung von Authentizität (Eisewicht, Wustmann & Pfadenhauer, 2016; Hofer & Rößner, 2019; Knaller & Müller,

2006; Kreutzer & Niemand, 2016). Der Markt für Psycho-Beratung wächst, aber er macht die Sachlage auch nicht übersichtlicher (Prisching, 2022).[2] Werte lassen sich besonders dann anrufen, wenn sie von anderen eingehalten werden sollen, während man selbst das Recht in Anspruch nimmt, sie aus irgendeinem Grund zu durchbrechen. *Nonchalante Wertedurchbrechung* kombiniert sich mit *übersensibler Werteeinforderung*. Das fördert Verlorenheit.

Liquidisierung aller Lebensbereiche

Man soll die Vergangenheit nicht romantisieren, im Sinne von: Damals wusste man noch, was sich ›gehört‹ und wo es langgeht. Die religiösen Spaltungen des 16. und 17. Jahrhunderts haben enorme Opferzahlen nach sich gezogen. Die ständigen Kriege haben viele Tote gefordert. Im 19. Jahrhundert hat die soziale Frage die Gesellschaft tief gespalten. Der Kulturkampf am Ende des 19. Jahrhunderts war für viele Menschen ein tragischer Wertekonflikt. Die Schlägereien zwischen Nazis und

2 Es kann an dieser Stelle kein Überblick über die Werttheorien geboten werden. Wir müssten bei Abraham Maslow und seiner Bedürfnistheorie starten, könnten über Theorien der Wertekonvergenz (Proletarisierung, Konformisierung) oder des Werteverfalls (Ego-Gesellschaft, Narzissmus) referieren, ebenso über Theorien des allgemeinen Werterelativismus oder der neuen Fundamentalismen, der Rationalisierung (Metrisierung, Standardisierung) oder der Irrationalisierung (Esoterik). Wir müssten natürlich an David Riesmans *Einsame Masse* (1956 [1950]) denken oder an Daniel Bells *Cultural Contradictions* (1976). Dann wären die Postmaterialismustheoretiker mit Helmut Klages (1984, 1988) und Ronald Inglehart (1977, 1984) zu berücksichtigen. Neuerdings kommen Peter Gross (1994, 1999) oder Andreas Reckwitz (2017, 2019) ins Spiel. Sinnvoll ist es, internationale Vergleiche vorzunehmen oder sich an den Sinusmilieus zu orientieren.

Kommunisten in der Zwischenkriegszeit waren auch keine Kleinigkeiten. Den Aufschwung marxistischer Verirrungen in den 1960er Jahren, als jugendliche Gruppen »Ho-Ho-Ho Chi Minh« in den Straßen skandierten und linksterroristische Gruppen mit einem gewissen Sympathisantenkreis ihre Anschläge durchführten, muss man als Wertkonflikt sehen. Eine solche Erinnerung relativiert möglicherweise Bedrohungsgefühle, die in diesen Jahren durch den Aufstieg der AfD oder durch Wahlerfolge von Marine Le Pen entstehen.

Ansonsten gibt es *Abstiege und Aufstiege von Wertpaketen*, die normative Landschaft ist schon deshalb unübersichtlich, weil man binnen weniger Jahre wesentliche Verschiebungen erleben kann. Noch vor wenigen Jahrzehnten hat man die Fragmentierung der Gesellschaft, die Differenzierungen von Milieus und Lebensstilen, als kreativen und innovativen Zuwachs im Dienste der Freiheit und der Öffnung, als Bereicherung und Horizonterweiterung gesehen. Es muss sich also nicht um einen ›Nettoverlust‹ von Werthaltungen handeln, wenn man *Wertverschiebungen* konstatiert: Wenn zwei Werte ›aufsteigen‹ und zwei Werte ›absteigen‹, mag ›netto‹ kein Werteverlust eingetreten sein, aber dennoch können aufgrund der ›Umwertung‹ Unübersichtlichkeit und Verlorenheit entstehen. Wenn man allerdings in immer mehr Situationen unsicher wird, was für einen ›ordentlichen Menschen‹ geboten ist, hört der Spaß auf.

Verloren in der Kommunikation

Jean Twenge, Autorin des Buches *Generation Me* und bekannteste Jugendforscherin der USA, hatte ein Problem (Twenge,

2006). In den Jahren 2012 und 2013 hat es in ihren Untersuchungen bei einigen Variablen eine deutliche Verschiebung gegeben; und sie konnte dafür zunächst keine Gründe finden. Die Zahlen der Depressionen bei den Teenagern schnellten in die Höhe. Eines von drei Mädchen in den USA hatte schon Selbstmordgedanken. Viel mehr als zuvor fühlten sich einsam und hatten keine Freude am Leben, viel mehr als zuvor das Gefühl, nichts richtig machen zu können. Twenge hat eine Korrelation entdeckt: den Aufstieg der Smartphones, der sich binnen weniger Jahre vollzogen hat. Sonst hat sich in dieser Zeit nicht so viel verändert, aber Jugendliche verbringen viel mehr Zeit online (Durchschnittswerte kommen auf fünf Stunden am Tag), weniger Zeit mit Freunden *face-to-face*, und sie haben (deswegen) weniger Zeit zum Schlafen (Twenge, 2018). Mittlerweile hat Twenge auch alle möglichen alternativen Variablen durchgeprüft: etwa eine höhere Geständnisbereitschaft für psychische Beschwerden, die Pandemieerfahrungen, wirtschaftliche Rückfälle, mangelnde Unabhängigkeit der Kinder, Schulschießereien, ökologische Ängste, steigender schulischer oder akademischer Druck, Drogenprobleme, Depressionen der Eltern und andere Größen. Doch Twenge findet ihren Befund, dass die extensive Smartphone-Nutzung zur Veränderung von Psyche und Verhalten führt, nach wie vor am überzeugendsten (Twenge, 2023).

Es gibt mittlerweile etliche Befunde, die eine solche Vermutung erhärten. Nicholas Kardaras (2023) sagt: Medienabhängigkeit ist für Kinder wie Drogenabhängigkeit. Adam Alter (2018) ist derselben Meinung: Es handelt sich um suchterzeugende Technologien. Nicholas Carr (2013) ergänzt: Man wird auf das Surfen im Seichten trainiert. Die Neuverdrahtung menschlicher Beziehungen, sagt Jonathan Haidt (2024), hat verheerende Folgen für die mentale Gesundheit der Kinder. Es gibt somit etliche Indizien dafür, dass die neue Kommunikationswelt psychisches Befinden gefährdet und erschüttert, also zur Verlorenheit der jüngeren Generationen beiträgt. Sie könnte auch den Bewusstseinsstand der Erwachsenen verändern. Und die kommunikative Konstruktion der Wirklichkeit (Knoblauch, 2016; Reichertz, 2010) in der Ägide der neuen Medien steht ja erst am Anfang.

Werteüberschuss

Das Steuerungszentrum des Talcott Parsons, welches alle Bereiche der Gesellschaft durchwirken konnte, hat es schon in der Mitte des 19. Jahrhunderts nicht mehr gegeben. Pluralisierungs- und Individualisierungsprozesse sind in der Spätmoderne so weit gediehen, dass die Durchsetzung normativer Vereinheitlichung nicht mehr akzeptiert würde. Allein die Vorstellung, dass eine verlässliche Werteordnung Menschen und Milieus wieder ›vereinheitlichen‹ würde, ist für das Individuum der Spätmoderne ein grauenhaftes Bild. Gleichwohl gibt es Vorstellungen, die auf europäische Einheitlichkeitstraditionen und unverzichtbare normative Kerne pochen.

Das *autoritär-populistische Verlangen nach der Volkshomogenität* hat sich verbreitet. Entgegen dem allgemeinen Eindruck war die traditionale Gesellschaft recht heterogen, innerhalb großer Reiche (bei den Römern, Habsburgern oder Osmanen) gab es Regionen, Abstammungsgemeinschaften oder Stämme, die recht unterschiedlich waren. Die Homogenisierung in den Territorialstaaten der neueren Zeit ist jüngeren Datums, bis hin zur Sprachverständlichkeit. In der Romantik hat man die Unterschiedlichkeit sozialer Entitäten positiv herausgestellt: einerseits das Volk als ›Einheit‹, mit ›Identität‹, andererseits die Respektierung, Gleichberechtigung und Gleichwertschätzung anderer Kulturen. Diese Idee wird in der Folge unterschiedlich politisiert.

Bei der Freiheitsidee der letzten Jahrhunderte ging es immer um die Sicherung der Heterogenität, im Sinne des Schutzes von nicht-konformen Lebens- und Verhaltensweisen. Doch beim Lob der freiheitlichen Abweichungen war nie gemeint, dass es nichts Gemeinsames mehr gibt oder man den Mainstream nicht mehr definieren kann. Aber erst wenn sich die Homogenität wieder aufzulösen beginnt (so wie in der jüngeren Zeit), beginnt man über Heterogenität, Nicht-Konformität oder Diversität wieder zu reden. Und dann stellt sich die *Frage nach dem Gemeinsamen*, nicht biologisch, aber kulturell. In der Spätmoderne sind geschlossene ›kulturelle Einheiten‹ allein durch die globale Kommunikation unmöglich. Man wird Amerikanismen nicht mehr loswerden, man wird Afro-Jazz und Sushi behalten. Die ›reine‹ Kultur gibt es nicht. (Nur ostasiatische Touristinnen und Touristen erwarten, in Bayern und Österreich die ›Lederhosen-Menschen‹ anzutreffen.)

Das Verlangen nach der Sicherung der Volkshomogenität wird gemeinhin eher rechtspopulistischen Kräften zugeordnet, aber natürlich gibt es in der ›Volkseinheit‹ auch ein ›linkes‹ Potenzial, mit der Idee: Alle gehören zum Volk, sie sind gleich in ihren politischen Rechten, alle sind denselben Gesetzen unterworfen, die Reichen und die Armen, und sie sind souverän und solidarisch. Es wurde auch argumentiert, dass eine gewisse ›Gleichheit‹ vonnöten sei, damit Demokratien funktionieren. Die Ideen von Volk und Nation haben gleichzeitig mit demokratischen Ideen ihren Aufstieg vollzogen. *Schließlich musste definiert werden, wer zu jenem Volk gehört, welches sich als Souverän eine Regierung und Gesetze gibt.*

Das *Verlangen nach der progressistischen Wertehegemonie*[3] lässt sich den neuen Autoritarismen aus linken Gruppen zuordnen, die Konformität unter der Fahne der Vielfalt verlangen: durch den sozialen Ausschluss und die Verfemung von Menschen, die das Falsche sagen, d.h. nicht dieselbe Auffassung haben. Dabei handelt es sich um *Wokismus* und *Cancel Culture* (Nida-Rüme-

3 Ich werde diesen Begriff des Progressismus oder der Progressisten einige Male verwenden, weil die Verlegenheit besteht, für ein bestimmtes Mindset einen geeigneten Begriff zu finden. Häufiger werden Begriffe verwendet wie »Linke«, »Linksliberale« oder »Linksintellektuelle«, aber das trifft die Mentalität der Gruppe nicht: Die politische Zuordnung als »links« ist zu einfach, von Intellektualität kann oft nicht die Rede sein (vor allem ist der überwiegende Teil des künstlerischen Sektors einbezogen), und über das Liberale setzen sich viele hinweg, wenn sie ihre Auffassungen durchsetzen wollen. Einige Kennzeichen der Gruppe seien erwähnt: Die eigenen Auffassungen sind die richtigen und guten, die Mehrheitsgesellschaft ist verblendet und muss umerzogen werden. Wer Heimat schätzt und Migration problematisch findet, wird als »Faschist« apostrophiert. Der alte Klassenkampf hat sich zum Minoritätenkampf gewandelt, die Wirklichkeitsinterpretation ist von der materiellen in die symbolische Sphäre abgewandert. Es wird als Kennzeichen primitiven Denkens angesehen, die Wirklichkeit als Wirklichkeit wahrzunehmen (denn es gelten Konstruktivismus und Poststrukturalismus in der jeweils geltenden eigenen Applikation). Man hegt (als quasitheoretisches Erbe aus dem vorigen Jahrhundert) eine gewisse Affinität zu Antikapitalismus, Antiamerikanismus, Antiimperialismus, Antikolonialismus (und, wie sich neuerdings zeigt, vielerorts auch zum linken Antisemitismus). Dadurch werden auch die »Sagbarkeitsregime« definiert, denen man realitätsschaffende Wirkung zuspricht. Insgesamt ist der »Westen« an den Übeln dieser Welt schuld. Die Progressisten haben jedenfalls eine Art kulturelle Hegemonie erreicht, die dazu geführt hat, dass man jene Parteien, die als »rechte«, »rechtsradikale« oder »rechtspopulistische« bezeichnet werden, großgemacht hat.

lin, 2023; Shapiro, 2022). Die Ideen, dass es falsch und skandalös ist, Zensur auszuüben, wenn aus persönlicher Sicht die ›richtigen‹ Meinungen geäußert werden, dass es aber richtig und geboten ist, Zensur auszuüben, wenn es nach persönlicher Sicht die ›falschen‹ Meinungen sind, ist zur gängigen Heuchelei geworden. Norbert Bolz formuliert es schärfer: »Der Rousseauismus der heutigen, ›woken‹ Linken ist eine Mischung aus vormarxistischem, utopischem Sozialismus, einer Naturromantik auf puritanischer Basis und der Sentimentalität des politischen Moralismus« (Bolz, 2021, S. 158). *Rousseauismus* ist eine Quelle oder eine Analogie; praktisch handelt es sich um *Leninismus*. Peter Sloterdijk sagt zur neuen *Doxa*: »Es ist die Nichtigkeit, die sich in Marsch gesetzt hat, und nichts hält sie auf« (Finkielkraut, 2021 [2019], S. 33).

Statt des großen normativen Vakuums kann auch das Überangebot an Normativitätsmodellen, an Weltbildern und Wertideen, zur Verwirrung führen. Eine Überfülle von kompetitiven Sinnangeboten führt zur ständigen »Kontamination« (Berger, 2015 [2014], S. 17) aller Werte durch ›Gegenwerte‹ und verhindert normative Stabilisierung sowie die Bildung persönlicher Identität im Rahmen eines Kollektivs. *Es könnte doch immer alles anders sein.* Doch gerade Werte vertragen keine Beliebigkeit. Das ist das Paradoxe: Auch die Vielfalt der Werte, der widersprüchlichen Wertangebote, erzeugt Verlorenheit, sodass der Überschuss in ein Defizit umschlägt. *Wenn alles gilt, gilt nichts.*

Wertedefizit

Die Sozialstruktur moderner Gesellschaften bietet kein angemessenes Maß an langfristiger Konsistenz in intersubjektiver Spiegelung. ›Alte‹ Gesellschaften waren in kompakten Milieus organisiert, wo man auf die Nachbarn geschielt hat und durch die Wahrnehmung von deren Ähnlichkeit eine Verfestigung des eigenen Weltwissens erfahren hat. Nun aber, da – zum Guten und zum Schlechten – die Verhältnisse durcheinandergewürfelt werden, entsteht ein hohes Ausmaß an *›Identitätskonfusion‹* (Luckmann, 2007, S. 252). In dieser Lage ist man in zunehmendem Maße in seinen Wertentscheidungen irritiert und verunsichert. Auf wen soll man schielen?

Einfache Werteverfallstheorien sind unzulänglich. Es gibt auch *Aufstiegsprozesse* von Werten: Kindererziehung ist freundlich geworden, Geschlechterbeziehungen symmetrischer, sexuelle Minderheitengruppen werden anerkannt; es gibt keine Feindseligkeit zwischen den christlichen Religionen; selbst die Chefs brüllen weniger mit ihren Angestellten. Aber der verunsichernde Teufel liegt immer im Detail: Was verlangen die neuen Werte in der Kindererziehung? Kinder lieben und sie bei allem gewähren lassen? ›Helikoptereltern‹? *›Tiger moms‹*?

Heute nimmt man vielfach den *Konfliktaspekt* der wertfragmentierten Gesellschaft in Augenschein. Es kollidieren Werte im Alltagsleben, wenn es etwa um das Zusammenleben mit *migrantischen Milieus*, insbesondere islamischer Prägung, geht. Das mögen einerseits religiöse Konflikte sein, die sich im Extremfall in terroristischen Anschlägen ausdrücken, andererseits aber die kleinen, oft anekdotischen Kollisionen des täglichen Lebens, die sich in den Zeitungsberichten finden: Man lässt sich von der Lehrerin der Kinder nichts sagen, weil sie eine Frau ist; organisatorische Ausnahmen müssen für den Turnunterricht zugelassen werden; Speisepläne sind adaptierungsnotwendig; die Frage der Kopftücher muss geklärt werden; die Kooperation mit den Eltern der Kinder funktioniert nicht, manchmal allein schon aus sprachlichen Gründen; der christlich strukturierte Jahreslauf wird zuweilen durch transreligiöse Rituale ›neutralisiert‹. Manchmal wird auf den Straßen für die Scharia oder die Einführung des Kalifats demonstriert. Ein Fernsehbericht über eine modern anmutende islamische Familie ist mir in Erinnerung. Als die Rede auf das Freizeitverhalten der geliebten Kinder kam, wurde gefragt: Wäre es akzeptabel, wenn die 16-jährige Tochter einen Freund hätte? Die Antwort des Vaters (im Anzug, mit weißem Hemd) war ernsthaft und deutlich: Dann würde ich die Familie zusammenrufen, meine Tochter mit einem Kanister Benzin übergießen und anzünden. Das beeindruckt.

Wertebalance

Eine leichte Entwarnung ist in diesen polarisierenden Verhältnissen angenehm. Empirischen Untersuchungen zufolge gibt es weniger ›Lagerbildung‹ bei den Gruppen mit unterschiedlicher Meinung, als man glaubt; es gibt polare Mischungen bei unterschiedlichen Themen; und es gibt mehr ›mittige‹ Einstellungen, als es die öffentliche Lautstärke vermuten ließe. Steffen Mau und seine Mitarbeiter haben insoweit ›Beruhigung‹ zu vermitteln versucht.

> »Wir können zeigen, dass Verteilungs-, Klima-, Migrations- und Diversitätsfragen durch eigene Konfliktlogiken geprägt sind. Statt einer Spaltung der Gesellschaft in verfeindete Lager finden wir im Zentrum der Meinungslandschaft eine breite

> Mitte, in der Differenzen diffus und themenspezifisch sind, sich nicht kohärent zu ideologischen Großfronten formieren und auch nur schwach durch soziale Unterschiede strukturiert sind. Im Hinblick auf grundlegende Leitvorstellungen, wie Wohlfahrt, Klimaschutz, Toleranz und Einwanderung, lassen sich sogar die Konturen eines mehrheitlich geteilten gesellschaftlichen Grundkonsenses ausmachen, wohingegen entschiedenere Haltungen an den Rändern des Spektrums in der Minderheit sind. Obwohl die Migrationsfrage beispielsweise das bei Weitem am meisten polarisierte Einstellungsfeld in der deutschen Bevölkerung ist, plädiert das Gros der Bevölkerung weder für offene Grenzen noch für eine abgeschottete Gesellschaft, sondern für gesteuerte Zuwanderung und ein ethisch gebotenes Maß an humanitärer Hilfe. Ebenso sieht eine Mehrheit Toleranz und Nichtdiskriminierung als wichtige Werte an und kann sich nicht für die Rückkehr zu einer traditionalistisch-rigiden Gesellschaft erwärmen. Die Bevölkerung befürwortet mehrheitlich einen sichernden umverteilenden Wohlfahrtsstaat; radikaler Marktliberalismus und exzessive Ungleichheit werden abgelehnt, ebenso wird eine vollständige Egalisierung der Gesellschaft als unrealistisch oder gar vor dem Hintergrund meritokratischer Normen als moralisch problematisch abgetan. Und die meisten sehen den Klimaschutz als dringliche Aufgabe an, deren Bewältigung aber eine Abwägung mit anderen Gütern erfordert« (Mau, 2023, S. 15f.).

Es gilt für die Balancierung des Wertesystems derselbe Gedanke, der für die kognitive Orientierung formuliert wurde: Es braucht einen mittleren Weg. Die Ausreißer zur strikten Geschlossenheit oder zur beliebigen Vielfalt sind gleichermaßen zerstörerisch. Aber es gibt ein Mitte-Substrat. *Man wird eine wertmäßig homogenisierte Gesellschaft weder wiedergewinnen können noch wiederherstellen wollen.* Man entkommt den Problemen weder durch den Rückgriff auf eine (in der Erinnerung) vergoldete Vergangenheit noch durch die Utopie einer (idealen) Zukunft. Die ›offene Gesellschaft‹ (Popper, 1970 [1945]) muss permanent die Balance herstellen. Alles wird nicht zulässig sein können.

Es gibt die Idee, dass man zum gedeihlichen Zusammenleben alle kulturell-emotionellen und wertenden Aspekte beiseitelassen könnte. Bürgerinnen und Bürger sollen Steuern zahlen und Gesetze befolgen. Die gesellschaftlichen Apparate müssen funktionieren, von der Wasserversorgung bis zur Straßenbahn, von der Justiz bis zum Krankenhaus – aber jenseits dieser Apparate könnte doch jeder tun, was er will. Diese Idee geht an der Wirklichkeit vorbei, schon deswegen, weil sie das Harmlose unterschätzt. Denn eine konstruktive professionelle Zusammenarbeit wird schwer möglich sein, wenn die Mitarbeiterinnen und Mitarbeiter ganz unterschiedliche Vorstellungen über Leistung, Pünktlichkeit und Ehrlichkeit (oder über andere – oft verhöhnte – *Sekundärtugenden*) besitzen. Das Zusammenleben in einem Wohnhaus wird zu Reibereien führen, wenn ganz unterschiedliche Lebenspraktiken, die etwa Sauberkeit oder Lärm betreffen, aufeinanderstoßen. Krisen können das Abfedern von plötzlichen Belastungen für untere Einkommensbezieher erfordern; aber solche Akte der Solidarität bedürfen eines wechselseitigen *Verpflichtungsgefühls*. Es muss also mehr an gemeinsamer Werte-Substanz vorhanden sein, als es funktionierende Austauschverhältnisse und Infrastrukturen bieten.

Der Mittelbereich kann jedoch ein buntes Feld sein. Ein Liberaler mag anders auf wirtschaftliche oder kulturelle Verhältnisse schauen als ein Konservativer. Gewerkschafter sehen Ungerechtigkeit darin, Sozialmigration zulasten einheimischer Arbeitskräfte zu belohnen. Tierschützer gegen Landwirte. Regulierer gegen Regulierte. Landschaftsschützer gegen Windkraft. Autofahrer gegen Radfahrer. Die mittlere Zone kann ein gewisses Maß an Vielfalt verkraften, aber die extremeren Varianten bei den ›dichten‹ und bei den ›losen‹ Verhältnissen sind nicht brauchbar.

Wir generalisieren die Böckenförde-These, die auf den politischen Bereich zugeschnitten war. Sein allenthalben zitiertes Diktum lautet: Letztlich lebe der freiheitliche, säkularisierte Staat von Voraussetzungen (nämlich kulturellen Beständen), die er selbst nicht garantieren oder schaffen könne (Böckenförde, 2016 [1967]). Man kann zu einer *Asymmetriethese* verallgemeinern: *Wirtschaftlicher Wohlstand, Lebenssicherheit und Wohlgefühl beruhen auf geistigen Beständen, hinsichtlich derer es fraglich ist, dass sie jederzeit im Prozedieren der Gesellschaft in genügendem Ausmaß regeneriert werden.* Dann klafft eine Lücke. Und es gibt die Ungleichzeitigkeit des Gleichzeitigen: *Wohlstand, Sicherheit und Wohlgefühl können noch eine Zeit lang aufrechterhalten werden, wenn die kulturellen Grundlagen, auf denen sie beruhen, bereits beschädigt oder geschwunden sind.* Die Sache läuft noch einige Zeit, wenn ihre Bestandsvoraussetzungen bereits ausgelöscht wurden. In dieser Zwischenphase glaubt man, es ›reicht‹ – obwohl man keinen Boden mehr unter den Füßen hat. Gemeinschaftlichkeit darf deshalb nicht unter gewisse Schwellenwerte sinken. In diesem Sinne gilt die These: *Traditionen sind unvermeidbar* (Marquard, 1987).

Wenn man sich auf das ›Übliche‹, auf das ›normale‹ Werteniveau, verlassen kann, so ist dies eine wertvolle und unabdingbare Ressource. *Nur wenn Vieles von selbst läuft, kann man sich auf das Besondere, das Schöpferische, konzentrieren.*

Entbettungsgefühle: Gemeinschaft

> Bedürfniscluster (C): Es gibt das Verlangen nach Gemeinschaft, nach Zugehörigkeit, Einbettung und Heimat. Heimat ist dort, wo man sich auskennt, wo das Leben ganz selbstverständlich dahinläuft, wo man die Leute versteht. Die Moderne löst solche Gemeinschaftlichkeit auf, durch Globalität, Immigration und Kosmopolitismus geht sie zunehmend verloren. Man ist nicht mehr ›zu Hause‹, man vermisst Resonanz, Geborgenheit, Verlässlichkeit. Die Welt ist zunehmend nicht mehr vertraut, sie antwortet nicht mehr.

Menschen hegen *tribalistische* Gefühle (Maffesoli, 1996), sie haben eine Sehnsucht nach Zugehörigkeit. Sie suchen nach Gemeinschaft, Einbindung und Einbettung, sie sehnen sich nach Rückkehr in den Kontext ihrer ›Stämme‹. Das sind romantische Gefühle, denn der große Trend der Modernisierung bedeutet eben *Vergesellschaftung* statt *Vergemeinschaftung*, wie das Ferdinand Tönnies (1991 [1887]) schon am Ende des 19. Jahrhunderts festgestellt hat. Diese Vergesellschaftung hat ihre unangenehmen Seiten: *Heimatlosigkeit, Entbettung* und *Verlorenheit.*

Die spätmoderne, individualistische, pluralistische und flexible westliche Gesellschaft kann allein schon durch ihren

Wohlstand Freiheiten genießen, die sich frühere Gesellschaften niemals hätten vorstellen können. Doch verbinden sich damit Phänomene von Stress, Überforderung und Angst; man fühlt sich oft vereinzelt, ungeborgen und einsam. Geht das zusammen? Oder braucht man die identitätsbasierte Gemeinschaft nicht mehr? In der Formulierung des aufklärungsoptimistischen Jürgen Habermas: Möglicherweise können komplexe Gesellschaften gar keine vernünftige Identität mehr ausbilden (Habermas, 1976, S. 92–126). Man kann diese Gefühlswelt mit der Kategorie der *Resonanz* verknüpfen. Resonanz (im Sinne Hartmut Rosas) bedeutet, die erlebbare Welt als ein wohlwollendes, antwortendes, freundliches und entgegenkommendes System wahrzunehmen (Rosa, 2016). In der Resonanz-Sehnsucht verdichten sich romantische Wünsche, vielleicht sogar metaphysische Wünsche des Eins-Seins mit der Welt. So sehr solche Lebens-Symbiosen auch nachempfunden werden können, gilt es doch an die Realität zu erinnern: Das Leben kann hart sein. Die Natur ist widerständig, manchmal grausam. Nicht immer gibt es lauschig-wohlwollende Resonanz. Darüber hinaus hat gerade die Moderne gewisse (›naturwüchsige‹) Resonanzen bewusst abgeschnitten – man muss als Individuum nicht resonant sein mit dem Dorf oder der Großfamilie, wenn man nicht will. Dennoch bleibt es dabei: Das Nicht-Einbettungsgefühl wird immer stärker empfunden.

Zerbrechliche Gemeinschaften

Menschen sind (freundlich formuliert) *›soziale Wesen‹*, sie sind (nüchterner formuliert) *›Stammeswesen‹*. Sie wussten in längst vergangenen Zeiten, dass es kein Überleben außerhalb des Stammes geben kann. Denn das Leben war »solitary, poor, nasty, brutish and short«, um es mit Thomas Hobbes (1996 [1651], S. 84) zu sagen. Das Angewiesensein auf die verwandtschaftliche, nachbarschaftliche und dörfliche Gemeinschaft gilt bis beinahe in die Moderne. Erst die Postmoderne hat die Herauslösung aus diesen existenznotwendigen sozialen Assoziierungen bewerkstelligt, weil der Staat viele Aufgaben übernommen hat. Doch das über Jahrhunderttausende gewachsene ›Tribalistische‹ lässt sich nicht einfach abstreifen.

Tribalismus hat *Schattenseiten*: Die Stämme, die das Überleben des Einzelnen sichergestellt haben, pflegten einander ziemlich häufig zu massakrieren (Pinker, 2013 [2011]; Metz, 2010). Selbst das Innere der eigenen Gruppe, der Überlebenseinheit, war oft von *Face-to-face*-Brutalität geprägt: grenzenlose Kontrolle, ungehemmte Machtausübung, Bosheit, Gewalt, Ausbeutung und Vergewaltigung. Romantische Anwandlungen beim Blick zurück sind nicht gerechtfertigt. Man hat vielfältige Institutionen geschaffen, um die bösen Anteile der Menschennatur zu domestizieren, oft, aber nicht immer mit Erfolg. Dennoch sind Menschen auf die anderen angewiesen, in mehr Dimensionen als bei anderen ›Tierarten‹. Sonst wären sie keine Menschen.

Gemeinschaften gründen auf *emotionellen Zugehörigkeitsgefühlen*, die es auf allen gesellschaftlichen Etagen gibt, im Großen und im Kleinen: Klein- und Großfamilien, Jugendbünde und Stammtische, Clans, Zünfte, Salons, Vereine, Gewerkschaften, Feuerwehr, Sportklubs und Gesangsvereine. ›Zivilgesellschaft‹ braucht gemeinschaftliche Gefühle. Gemeinschaftsbildung war eine entscheidende Attraktivität der frühen christlichen Glaubensgruppen, ja die Kirche schlechthin stellt sich als ›Gemeinschaft der Gläubigen‹ vor: Kirche ist dort, ›wo zwei oder drei in meinem Namen versammelt sind‹. Fanclubs von Fußballvereinen und dergleichen Assoziierungen haben Gemeinschaftscharakter. Doch auch die Mafia ist eine ›dichte‹ Gemeinschaft, ebenso wie Straßengangs. Gemeinschaftserfahrung liegt auch bei jenen vor, die sich im Kollektiverlebnis an Vandalismus und Pogrom erfreuen (heute auf den elektronischen Plattformen). Man kann, mit dem Blick auf westliche Gesellschaften, in einem positiven Sinn auch von *Zusammenhalt* sprechen, von *sozialer Kohäsion*, von *Solidarität* und *Toleranz*, von *Heimatverbundenheit* und *Harmonie* (Deitelhoff, Groh-Samberg & Middell, 2020; Forst, 2020, S. 44).

Fragwürdige Konvergenzideen

Was hält eine Gesellschaft zusammen? Was treibt eine Gesellschaft auseinander? (Heitmeyer, 1997, 1999) Volk, Heimat und Nation sind jene Kategorien, die in Spannung stehen zur real sich durchsetzenden (faktischen und ideologischen) Globalität: von der Stadt über die Region zur Nation, zum Imperium und zu kontinentalen Vereinigungen. Da sieht der ›Stamm‹ alt aus. Manche haben schon über die *Weltgesellschaft* (Beck, 1998; Heintz, Münch & Tyrell, 2005; Stichweh, 1994; Wobbe, 2000; Stichweh, 2000) oder die *Weltgemeinschaft* spekuliert (Küng, 1997).

Die *Aufklärung* hat den Menschen schlechthin Verstand und Sittlichkeit zugeordnet, als Säkularisierung der christlichen Idee, dass Menschen, wie auch immer sie sonst beschaffen sind, in ihrer Gottebenbildlichkeit und Menschenwürde einander gleichgestellt sind. Die Hoffnung wäre gewesen: Alle Menschen würden Brüder (heute sagt man ›Geschwister‹). Es gibt nicht nur Menschen, es gibt ›die Menschheit‹. Einwand: Die Idee, auf Verstand und Vernunft der Menschen zu bauen, um allgemeine Friedlichkeit zu erzielen, kommt immer wieder auf und scheitert regelmäßig. Die Ratio reicht nicht zur Harmoniesicherung. Den kommenden Modernisierungs- und Konvergenzprozess hat schon Huntington (1996) in seinem Modell eines *clash of civilizations* für unrealistisch gehalten. Seine *Clash*-Perspektive scheint realistischer zu sein als die Vision eines harmonistischen *Endes der Geschichte* (Fukuyama, 1992).

Könnte die *faktisch voranschreitende Globalisierung* zur *Weltgesellschaft* führen? Fast alle Produktionen und Produkte benötigen in der dritten Moderne die Verflechtungen des Weltmarktes. Die Hoffnung wäre gewesen: Wechselseitige Abhängigkeit schafft Gemeinschaft, Friedlichkeit, Pazifismus, organische Solidarität. Man schätzt einander, weil man einander braucht (Durkheim, 1992). Wer miteinander Handel treibt, der schießt nicht. Einwand: Diese Idee dürfte, jedenfalls in bestimmten Konstellationen, falsch sein. Es war dieses (modernisierungstheoretische) Modell, das der Westen im Verhältnis zum postsowjetischen Russland angewendet hat: mehr Beziehung, Aufschwung, Konvergenz, wachsender Wohlstand und wachsende Ähnlichkeit. Selbst Abhängigkeit (Energielieferungen gegen Geld) sei positiv: Dann werde niemand so dumm sein, Konflikte anzuheizen und sich selbst ins Knie zu schießen. Offenbar ein Irrtum. Eine ähnliche Erwartungshaltung revidiert man soeben gegenüber China und gegenüber Ländern des globalen Südens.

Die globale *Kommunikativierung* könnte man als Triebkraft sehen: Wir sind Minute um Minute mit Informationen aus allen Teilen der Welt versorgt. Dabei werden kulturelle Elemente anderer Zivilisationen angeeignet, zuweilen zu hybriden Varianten verschmolzen. Die Hoffnung wäre gewesen: Mehr Information schafft Verständnis und Freundschaft. Kenntnisse beseitigen Konflikte. Austausch schafft ein kosmopolitisches, multikulturelles, tolerantes, wertschätzendes und harmonisches Verhältnis. Einwand: Bislang gibt es keine guten Belege dafür, dass die globale Sichtbarkeit sich in globale Freundlichkeit umsetzt. Bessere Information kann auch zu Abstoßungsreaktionen führen: Religiös geprägte Muslime können nunmehr die Bücher, Bilder und Filme aus der westlichen Welt betrachten und sich in ihrer Ablehnung eines derart dekadenten Systems bestätigt fühlen.

Die *Sichtbarkeit* der ganzen Welt setzt Menschen in Bewegung: Während an den europäischen Grenzen nur wenige Flüchtlinge (im Sinne der Genfer Konvention) auftauchen, haben wir es mit Mengen von Migranten zu tun, die (verständlicherweise) ein besseres Leben suchen, als dies in ihrem Heimatland möglich ist. In einer überoptimistischen Weise hat man auch mit dieser Mobilität den Austausch-, Anpassungs- und Integrationsgedanken verbunden. Das sei bereichernd, belebend, bunt und lustig. Einwand: Man hat nicht gesehen, dass sich das Stadtteilfest, wo man von einem kulturkreisspezifischen Imbissstand zum nächsten schlendert, nicht auf das ganze Leben und die ganze Welt verallgemeinern lässt. Schließlich wollen die

Bewohner der Einwanderungsländer ihr eigenes (besseres) Leben verteidigen.

Ein spezifisches Vorhaben, Gemeinschaft zu identifizieren, war das Projekt *Weltethos* von Hans Küng: der Versuch, quer über die Kulturen (insbesondere bei den großen religiösen Strömungen) einen gemeinsamen Bestand an ethischen Normen und Werten zu identifizieren. Die Hoffnung wäre gewesen, sich die ohnehin vorhandene Gemeinsamkeit bewusst zu machen (Küng, 1997). Einwand: Ökumenische Bemühungen gibt es seit langer Zeit, aber nicht einmal zwischen den verwandten Religionen ist Identifikation wahrnehmbar. Religiöse Milieus können unterschiedlich geartet sein, mit den Machthabern im Iran oder in Afghanistan ist wohl jede Bemühung um eine wertebezogene Gemeinsamkeit müßig.

Einwände gegen die Gemeinschaft

Drei klassische Einwände sind gegen das Lob der Gemeinschaften vorgetragen worden: Es gebe sie nicht mehr, sie seien autoritarismusverdächtig und sie neigten zur Aggression.

Wir beginnen mit dem nüchternen Befund: *Gemeinschaften verschwinden.* Der Soziologe Ferdinand Tönnies hat 1887 seinen Klassiker *Gemeinschaft und Gesellschaft* geschrieben. Gemeinschaften, so sagt er, sind organisch gewachsene Systeme, die das Leben umfassend bestimmen. Es herrschen Gefühl, Instinkt, Gewohnheit und Tradition. Aber die Moderne löst Gemeinschaften auf, sie drängt zur Gesellschaft, in der ein instrumentelles und interessengeprägtes Verhältnis zur Umwelt besteht. Über Gemeinschaft kann man nicht *entscheiden*, über Gruppenzugehörigkeit in der Gesellschaft sehr wohl. In die Familie wird man hineingeboren, den Fitnessklub, eine marktförmige Einrichtung, hingegen kann man sich aussuchen. In summa heißt das: Die gesellschaftlichen Verhältnisse entwickeln sich in Richtung Fitnessklub – *Bowling Alone* (Putnam, 2000).

Gemeinschaft ist autoritarismusverdächtig. Helmuth Plessner (1972 [1924]) hat sich (in seinem Buch *Grenzen der Gemeinschaft*) in der Situation der Zwischenkriegszeit gegen die Bestrebungen gestellt, das Zusammenleben ›gemeinschaftlich‹ organisieren zu wollen – dabei standen ihm die umfassenden Gemeinschaftskonzepte des Kommunismus oder des Nationalsozialismus vor Augen. Derartige ›totale‹ Einbindungen des Individuums in eine ›dichte‹ Gemeinschaft stellen für ihn eine Vergewaltigung des menschlichen Seelenlebens dar. Bis in die Gegenwart beschwören alle Diktaturen die Gemeinschaft und meinen in Wahrheit Unterwerfung. Und der Zeitgeist scheint da oder dort wieder eine steigende Faszination für autoritäre Einbindungsverhältnisse aufzuweisen.

Gemeinschaft ist aggressionsverdächtig. Emotionell aufgeladene Zugehörigkeit geht nicht selten einher mit Feindseligkeit gegenüber anderen Gruppen: die Wir-Gruppe gegen die Sie-Gruppe, die Eigenen gegen die Fremden, die Insider gegen die Outsider. Man kann sich selbst nur (als gemeinschaftszugehörig) definieren, wenn man die Grenzen (und damit auch die ›Nichtgemeinschaftszugehörigen‹) bestimmt; jeder Verein muss schließlich festlegen, wer und wer nicht die Vereinsmitglieder sind. Aber das landet oft in einem evaluativen ›Ranking‹: Die eigene Gemeinschaft wird mit allen positiven Attributen versehen und als superior betrachtet, die ›anderen‹ werden abgewertet. Manchmal löst die Differenz

Gewalttätigkeit aus, selbst bei Fußball-Fanclubs. In einem forcierten Nationalismus, mit Homogenität im Inneren und Heterogenität nach außen, kann dies zur Verachtung aller anderen führen, im Extremfall kann Entmenschlichung oder Vernichtung der fremden Gruppen die Folge sein.

Ausdünnung von Gemeinschaftlichkeit

Einer der Befunde, in denen sich Sozialwissenschaftler weitgehend einig sind, ist jener, dass diese spätmoderne, wohlhabende Gesellschaft eine *individualistische* Gesellschaft sei. Menschen wollen und müssen ihr eigenes Selbst, ihre Besonderheit und Authentizität, erkunden, entfalten und zum Ausdruck bringen (Prisching, 2023). Das bedingt eine besondere Sensibilität für die eigenen Rechte und Wünsche – und Nabelschau. Einen Konnex gibt es auch zum ›entrepreuneurialen Selbst‹ (Bröckling, 2007).

In dieses Modell sind religiöse Sehnsüchte eingeflossen. Nach dem Verschwinden der Götter und anderer geheiligter Entitäten (wie Nation, Kunst und Wissenschaft) bleiben nur das Ich, das Selbst, die individuelle Identität, die Menschenrechte. *Die Religion des Individuums.* Es ist geheiligt: *Gottwerdung* oder *Selbstvergottung* (Joas, 2011, 2017). Deshalb ist die gelingende Selbstinszenierung überlebenswichtig. Wenn diese Identität angegriffen wird, dann bricht die Welt zusammen.

Singularisierung bedeutet eine (narzisstische) Präzisierung der persönlichen Einzigartigkeit (Reckwitz, 2017; Lasch, 1995 [1979]). Es ist nicht die *mühsame Arbeit an der Erhellung der eigenen Existenz* gemeint. Es ist ein *Überbietungsmechanismus*, der viele Bereiche der spätmodernen Gesellschaft erfasst hat: Überall wird danach gestrebt, die einzigartige Stadt, das einzigartige Konzert, die einzigartige Museumsausstellung anzubieten oder sich als einzigartiger Koch mit einem einzigartigen Wein zu empfehlen. Schulen und Universitäten wollen ebenso einzigartig sein. *Wenn man schon als Person einzigartig ist, will man den darauf beruhenden Ertrag einfahren.* Man orientiert sich dann nicht mehr an den Nachbarn, die man ja aufgrund der supponierten Einzigartigkeit bei Weitem ›überragt‹, sondern an den *Erfolgsfiguren*: Influencer, die aus dem Nichts Geld und Berühmtheit gewinnen; Fußballer, die Millionen verdienen; IT-Startup-Betreiber, die nach einigen Jahren ihren Shop um Millionen verkaufen; berühmte Models, die nach New York fliegen. Wenn man mit solchen Vorgaben lebt, dann ist *jedes normale Leben Beweis des Versagens.* Man hat verloren. Man hat sich verloren. Das schafft Unzufriedenheit. Fixierung auf Einzigartigkeit bedeutet auch ein gewisses Desinteresse für die anderen – und Einsamkeit. Es ist eine *Selbststilisierung, die eines respektablen Selbst häufig entbehrt.* Denn die Logik einer selbstunternehmerischen oder selbstperfektionierenden Maximierung der Möglichkeiten übersieht eine Möglichkeit: *sich selbst als Möglichkeit zu sehen*; sich in klassischem Sinne zu dem zu machen, was in einem *angelegt* ist.

Den Prozess der Individualisierung und Pluralisierung will und kann man nicht zurückdrehen. Die Menschen haben dabei auch Spielräume gewonnen. Wenn aber jeder nach seiner Fasson selig werden kann, nimmt logischerweise der Bestand an Gemeinsamkeit ab. Die Frage bleibt offen, *wie viel an Gemeinschaftlichkeit man dennoch bewahren muss, damit eine funktionsfähige und lebensdienliche Gesellschaft be-*

stehen kann. Das führt zu einem Prinzip: *Wenn das (wegen der Individualisierungsansprüche) maximal aushaltbare Gemeinschaftsniveau immer weiter unter das (wegen der Funktionserfordernisse) minimal notwendige Gemeinschaftsniveau sinkt, reichert sich das System mit Dysfunktionalität an.*

Wenn wir davon ausgehen, dass ›dichte‹ Gemeinschaft (wie sie verschiedentlich in Verwandtschaft und Nachbarschaft besteht) im Abnehmen begriffen ist, allein schon durch Mobilität und Diversität der Menschen, wird das Bedürfnis nach einer Gemeinschaftserfahrung, die der ›tribalistischen‹ Grundbefindlichkeit der Menschen entspricht, durch *zeitweilige Gemeinschaftserlebnisse* ›aufgefüllt‹ (Hitzler, Honer & Pfadenhauer, 2008). Dann ›loungt‹ man mit Freunden. Man gerät bei einem Popkonzert in Ekstase. Man dekoriert sich für den Auftritt in der ›richtigen‹ Ecke ›seines‹ Fußballvereins, mit Schal, Shirt und Gesichtsbemalung. Man erlebt vermeintliche Wirkmächtigkeit mit Gleichgesinnten bei einer politischen Demonstration. Aber das ist *›abgemagerte Gemeinschaft‹*. Es handelt sich um ›Neotribalismus‹ (Livi, 2017) oder um ›temporäre Vergemeinschaftung‹ (Gebhardt, 2008), in der keine weitergehende Reziprozität vorliegt. Nach dem Popkonzert geht man nach Hause und ist keiner Besucherin, mit der man sich gemeinsam heiser gebrüllt hat, verpflichtet. Diese *›schwachen Gemeinschaftsbeziehungen‹* stellen auf den Moment ab, man kann von den Teilnehmerinnen und Teilnehmern an solchen temporären Zusammenbindungen keine Hilfe erwarten, wenn man sie im Alltag braucht: Wenn ich bettlägerig bin, werden sie mich nicht pflegen. Es sind *Gemeinschaftssubstitute zur Auffüllung des Gefühlshaushalts.*

Nation, Heimat und Welt

Die ›Nation‹ ist eine relativ große Gemeinschaft. Gemeinschaft ist sie deshalb, weil entsprechende Gefühle des Gleich-Seins und Zusammen-Seins als zu ihr gehörig angesehen werden. Eine Nation ohne Nationalgefühl wäre eine Absurdität. Manche hätten es gerne, weil sie (in schlichter Geschichtsbetrachtung) Nationalgefühl als etwas grundsätzlich Bösartiges ansehen: Feindseligkeit gegen andere, Aggressivität nach außen, Behauptung der eigenen Superiorität und Abwertung anderer Nationen und Völker. Es gilt die Ausnahme des Sports, denn dorthin hat sich der ehemals politische, militärische und kulturelle Nationalismus weitgehend zurückgezogen, und dieses Reservoir wird sorgfältig gepflegt, weil es wohl als geeignetes Ventil angesehen wird (Reicher, 2013). Aus dem Problem rettet man sich, indem man den *Patriotismus* als gut und den *Nationalismus* als schlecht ansieht – ohne dass man recht zu sagen vermöchte, was der Unterschied sei.

Der noch stärker umstrittene Begriff ist jener der *Heimat.* Es ist einerseits progressistische Ideologie, die Sache so weit zu treiben, dass jede Art von Heimatverbundenheit in die Nähe einer faschistischen Haltung gerückt und mit Begriffen wie ›Exklusion‹ oder ›Diskriminierung‹ abgewertet wird. Andererseits braucht man nur in die einschlägige Heimatberichterstattung einiger Fernsehsender oder in einschlägige Zeitschriften schauen, in denen, von Region zu Region, immer ein ähnlicher *ländlicher Folklorismus* dargeboten wird: die Kühe und die Almen, die Handwerker und die Bildschnitzer, die Käsemacher, Fischer und Forstarbeiter. Ein bisschen kitschig, aber seelenwärmend. Es gibt keinen Grund anzunehmen, dass die dargestellten Menschen allesamt lügen, wenn sie versichern, ihr jeweiliges Ambiente sei doch der schönste Fleck auf Erden. Immer, wenn sie heimkämen, ginge ihnen die Seele auf. Sie wollten dieses Leben, mit seinen Eigenheiten, Fertigkeiten und Besonderheiten, behalten und bewahren, auch für die nachfolgenden Generationen.

Urbane Progressisten halten dies für die ›*Idiotie des Landlebens*‹, würdig des Aussterbens, wo doch die kosmopolitische Souveränität die allein akzeptable Haltung darstelle. Wer sich nicht in Manhattan ebenso zu Hause fühle wie im Schwarzwald oder in Vorarlberg, der gehöre einer (ewig)gestrigen Spezies an. Man kann diese Haltung allerdings als ›Idiotie des Stadtlebens‹ bezeichnen, deren Vertreter sich in der urbanen Künstlichkeit derart verloren haben, dass sie sich anderes nicht mehr vorstellen können. Auch Untersuchungen über ›nationale Identität‹ kommen immer wieder zum Ergebnis, dass die schöne Landschaft, die Sprache, die gemeinsamen Gebräuche, Feiern, Rituale und Solidaritäten die Attraktivität des näheren Umfeldes ausmachen (Cillia et al. 2020). Da mögen Progressisten die Nase rümpfen.

Zuweilen findet man in der Provinz allerdings tatsächlich *Provinzialismus* (Bohrer, 2000). Aber die Überheblichen, die sich über den Provinzialismus lustig machen, sind seit alters her die vermeintlich ›großen Geister‹, die ihre eigene Kleingeistigkeit nicht wahrnehmen – weil sie in einer quasi-intellektuellen, künstlerischen, medialen Blase leben, die ihre eigene Hegemonie zu behaupten trachtet. Deshalb ist der Vorwurf, dass die *Artikulationselite* an den Gefühlen der meisten Menschen ›vorübereilt‹, nicht falsch. Deswegen sind die Progressisten die stärksten Förderer jener autoritären

Bewegungen, denen man es überlassen hat, sich allein dieser verwaisten Gefühle anzunehmen.

Es bleibt das schlichte *Größenproblem*. Jenseits der dörflichen Gruppe wird es schwierig, in der Großstadt erst recht; in den noch größeren Nationalstaaten (oder gar in Europa) wird das Problem der Gemeinschaftsherstellung durch aufregende Erzählungen übertüncht, durch die eine Imagination von Nähe entstehen soll, wo in Wahrheit Ferne ist; durch die eine Imagination von Vertrautheit wachsen soll, wo in Wahrheit Fremde ist; durch die sich eine Imagination von Zugehörigkeit bilden soll, wo in Wahrheit die Formalismen einer Großgesellschaft herrschen. Aber das sind Verhüllungen, Symbolisierungen und Mythisierungen (Soeffner, 2019). Der Anspruch *Europa muss man einfach lieben* (Prantl, 2016) ist wahrscheinlich zu hoch gegriffen.

Sichtbarkeit, Wanderung und Kollision

Die ganze Welt ist für die ganze Welt sichtbar geworden. *Sichtbarkeit* heißt: Man hat durch die Kommunikationsrevolution die Welt im Blick, alle Informationen, Texte, Bilder, Daten, in Echtzeit.

Sichtbarkeit erzeugt Mobilität. Das Alles-Sehen ist der wesentlichste Faktor für *Migration*. Das Migrationsproblem hat zu einer zentralen politischen Spaltung (in vielen Ländern Europas) geführt – und bleibt als Problem auf absehbare Zeit bestehen. Europa hat ein kleines Flüchtlingsproblem: Denn *Flüchtlinge* (im Sinne der Genfer Flüchtlingskonvention) sind die wenigsten jener Menschen, die auf unterschiedlichen Wegen nach Europa kommen wollen – dies wird nur missbräuchlich und moralstrategisch behauptet. Es gibt plötzliche Schübe, wie aus Syrien, für temporären Schutz. Doch der überwiegende Anteil sind *Migranten*, die sich ein besseres Leben (für sich selbst und für ihre Kinder) wünschen.

Denn *Transparenz erzeugt Unglück:* Die Sichtbarkeit der ganzen Welt mindert das Glücksempfinden der Ärmeren. Mittlerweile vergleichen Menschen ihre eigene Situation nicht mehr mit den Nachbarn, sondern mit den wohlhabenden Menschen auf diesem Planeten. Unter diesen Wahrnehmungsbedingungen macht Armut unglücklich. So haben auch die Entwicklungsländer ihren Wohlstand deutlich steigern können, sind aber dennoch unglücklicher geworden. Fernsehen und Smartphone setzen Menschen in Bewegung. Migration ist im Normalfall keine unbesonnene Flucht, Hals über Kopf, wie Gutmeinende es zuweilen darstellen, sondern eine rationale Entscheidung: Man will dorthin, wo die Paradiese sind. Die USA sind schwer zugänglich, also bleibt Europa.

Migration ist ein Dosierungsproblem. Mit dem Blick auf ein paar hundert Millionen Afrikanerinnen und Afrikanern, die empirischen Erhebungen zufolge gerne nach Europa kommen würden,[1] hegen viele die Befürchtung, dass die Reste natio-

1 Es gibt oft überhöhte Zahlen, aber wenn man sich auf den Subsahara-Raum beschränkt, würde (einer umfassenden Gallup-Studie zufolge) etwa ein Drittel der Bevölkerung gerne auswandern. Die Webseite correctiv.org hat das schon 2018 berichtet. Das ist aber die Momentaufnahme, denn die Bevölkerung Afrikas soll Prognosen zufolge in diesem Jahrhundert auf vier bis fünf Milliarden Menschen anwachsen. Oft stehen andere Lösungen im Raum, etwa die Förderung der Lebensbedingungen, sodass Emigration nicht mehr so attraktiv wird (Shikwati, 2012). Allerdings hat das Kieler Institut für Weltwirtschaft – anknüpfend an die Gallup-Daten – in einer Studie ermittelt, dass die häufig beschworene Entwicklungshilfe keinerlei Wirkung auf die Zahl der Migrationswilligen hat.

naler und regionaler Besonderheit, die dem globalen Konvergenzprozess Widerstand leisten, gefährdet sind, vom Lebensstandard und dem Sozialsystem ganz abgesehen. Für Europa bleibt es das ständige Problem des 21. Jahrhunderts: Das Gefühl der *Bedrohung* von Gemeinschaft und Heimat wird sich steigern. Es ist eine *demografische Revolution ohne ideologische Absichten.* Der Weg in die Europäische Union ist attraktiver als jede Ideologie, es geht um *schöne Bilder des Lebens und Konsumierens.*

> »Im 21. Jahrhundert ist die Migration die neue Revolution – keine Revolution der Massen wie im 20. Jahrhundert, sondern eine vom Exodus getriebene Revolution des 21. Jahrhunderts, getragen von Einzelnen und Familien und inspiriert nicht von ideologisch gefärbten Bildern einer strahlenden Zukunft, sondern von den auf Google Maps verbreiteten Fotos vom Leben auf der anderen Seite (der Grenze). Für ihren Erfolg ist sie weder auf Ideologien noch auf politische Bewegungen oder Führer angewiesen. Für viele Verdammte dieser Erde ist es eine menschliche Notwendigkeit, die Grenzen zur Europäischen Union zu überqueren, und keine Frage einer utopischen Zukunft« (Krastev, 2017, S. 20f.).

Doch die Mitgliedschaft in einer Wohlstandsgesellschaft ist unter realistischen Bedingungen nicht universalisierbar. Die Bevölkerung der europäischen Länder empfindet deshalb Immigration als Bedrohung: »Offene Grenzen gelten nicht mehr als Zeichen von Freiheit, sondern als Symbol der Unsicherheit« (ebd., S. 45). Die Folgen in Europa: wachsende Intoleranz und der Wunsch nach autoritärer Herstellung von

Sicherheit. Dass jenen, die sich für eine Bremsung der Einwanderung aussprechen, permanent ausgerichtet wird, sie seien borniert, rassistisch, fremdenfeindlich und faschistisch, dient ihrer Versöhnung mit der Sache nicht.

Gemeinschaftsüberschuss

Das Nähe-Modell ›Dorf‹ ist im Abstieg, auch wenn es zuweilen als nostalgisches Modell ersehnt wird. Im Dorf mag auf der Straße gegrüßt werden; in der Stadt würde ein solches Grußverhalten psychopathologische Verdächtigungen auslösen. Man will aber auch nicht mehr die Dichte einer Gesellschaft, in der einem jeder über die Schulter schaut, da ist man mittlerweile viel zu sehr in einem individualistisch-befreiten Lebensgefühl aufgewachsen. Die klassische Anonymität der Großstadt hat bekanntlich ihre Vorzüge, welche Plessner (1972 [1924]) in seiner Gemeinschaftskritik betont hat: Anonymität, Nomadentum, Höflichkeit, Selbstdisziplin, Zerstreuung und eine Kultur der Distanz, gegen die *Tyrannei der Intimität* (Sennett, 1983 [1977]): »Das zivilisierte Verhalten der Distanz bedarf nicht der Verwerfung einer ›authentischen‹ Natur. Denn der Mensch ist von Natur aus künstlich« (Lethen, 2003, S. 94).

Auch der *Anspruch* auf dichte Gemeinschaftlichkeit hält nicht. Wie könnte man sich vorstellen, wechselseitig Kenntnis, Verstehen und Freundschaftlichkeit zu entwickeln, also ›zusammenhaltende‹ Einstellungen und Gefühle, wenn doch diese Gesellschaft eine Plattform von Fragmenten ist, ein Flickenteppich von höchst unterschiedlichen Färbungen? Man kann nicht alle diese Schichten und Lebensstile kennen, man wird sie vielfach auch nicht verstehen, schon gar nicht muss man sie allesamt wertschätzen. Man wäre auch überfordert, wenn man dazu aufgefordert würde, zu allen soziale Beziehungen zu knüpfen, mit ihnen zu wohnen und zu feiern.

Gemeinschaftsdefizit

Die drittmoderne Welt löst Gemeinschaftlichkeit auf. Die Menschen verlaufen sich in ihren jeweiligen Milieus, sie gehen auf Distanz; nicht weil sie einander nicht mögen, sondern weil es sich so ergibt. Digitalisierung macht ›offizielle‹ *Face-to-face*-Kommunikation auch überflüssig oder unmöglich: Online-Shopping statt Kauf im Geschäft, die elektronischen Ämter, Ticketkauf im Netz, Terminvereinbarung auf elektronischem Formular oder die Rezeptbestellung beim Arzt über das Internet.

Attraktiv ist das spätmoderne Syndrom von Freiheit, Ungebundenheit, Wohlstand, Lounges, Events, Geld und Berühmtheit. Freilich schlummert im Hintergrund schon noch die Sehnsucht nach Liebe und Treue, nach Gemeinschaft und Einbettung. Aber alles geht eben nicht zusammen. Deshalb tut man sich so schwer, *mit sich selbst* fertig zu werden. Oft endet die Selbstsuche im Vulgäranarchismus: ›Tun, was man will‹ – so etwa das Protestverlangen in der Pandemie-Phase. Vulgäranarchismus fällt mit totalitären Heilsmodellen zusammen. Denn ein Marktplatz unbeschränkter Freiheiten streift nicht nur jede Zivilisiertheit ab (das Wesen der Zivilisierung besteht nun einmal in der Selbstbeschränkung) (Elias, 1978/1979 [1939]), letztlich mündet die anarchistische Vision in die Durchsetzung des Stärkeren, in Ausbeutung und

Massaker. Schutz des Schwächeren, Höflichkeit, Ausgleich – das sind Kategorien, die der menschlichen Natur abgerungen werden müssen. Anarchismus kann nur für jene attraktiv sein, die meinen, in diesem Ambiente zu den Stärkeren zu gehören. Aber da könnte man sich irren. Bei manchen Protesten findet man sozial gestreute und weltanschaulich konträre Agglomerationen, die sich in der ›Logik der Tat‹ finden; deshalb haben die ›Demonstrationen der Wut‹ im Normalfall auch kein Programm, keine Vision, keinen Forderungskatalog, schließlich will jeder Teilnehmer etwas anderes, sogar Gegensätzliches. Einigkeit herrscht nur im ›Anti-tum‹: Man ist zornig. Man ist dagegen. Gegen alles.

Gemeinschaftsbalance

Wir entkommen der Ambivalenz nicht: Die Menschen sehnen sich nach ›dichter‹ Gemeinschaft, die sie gar nicht mehr aushalten würden. Sie haben das Bedürfnis nach Gemeinschaftserfahrung, wollen die Teilnehmer und Teilnehmerinnen an der Gemeinsamkeit jedoch gleichzeitig auf Abstand halten. Sie wollen unbeschwert (von engen Bindungen) sein, doch diese Unbeschwertheit ist nur um den Preis der Vereinzelung zu haben. Sie wollen die Einsamkeit vermeiden, jedoch keine Beziehungen eingehen, die ihre Spontaneität beeinträchtigen. *Sie sehnen sich nach Gemeinschaft und sie fürchten Gemeinschaft.*

Es sind viele unterschiedliche Elemente, die man mit der Vorstellung von *›Heimat‹* verbindet: die wie auch immer gewordenen und gewachsenen Eigentümlichkeiten, Sitten und Gebräuche, Wertauffassungen und Alltäglichkeiten. Das, was man halt so tut, was selbstverständlich ist, worüber man nicht nachdenken muss. Man will in sozialen Interaktionen nicht die ganze Zeit enträtseln müssen, was gerade gespielt oder gemeint wird. ›Gemeinschaft‹ ist verbunden mit jener Form von Vertrautheit, die Umwelt und Menschen, Rituale und Alltag, Essen und Reden, Gewohntes und Traditionelles zu einem Ganzen formt. Sprache, Körpersprache, Metaphernsprache, Anspielungen, Ironie und Witz. *Vergemeinschaftungsgefühle* resultieren aus geteilten Anschauungen, aus einer Gefühlslage von Nähe und Verstehen, Gefühlen des Vertrauens und der Zuverlässigkeit, der Bereitschaft zur Zusammenarbeit und zum wechselseitigen Lernen. Das sind Potenziale, die jenseits des Durkheim-Arguments liegen, demzufolge man einander *mag*, weil man einander *braucht*. Den Verkäufer meines Galaxy-Smartphones muss ich ob der Transaktion nicht lieben.

Die Moderne entkoppelt Gemeinschaften, sie bildet Blasen. Systemtheoretiker hängen verschiedene Probleme an dem Befund auf, dass die moderne Gesellschaft eine Agglomeration von mehreren Teilsystemen ist, die miteinander nicht hinreichend verbunden sind, ja die einander nicht einmal richtig wahrnehmen oder verstehen können. Also ist jede übergreifende Vergemeinschaftung eine Illusion. *Es gibt keine Rückkehr zu einer imaginären Einheit.* Das hat Folgen. Peter Felixberger formuliert es drastisch: »In ihren Blasen richten sich die Bürger im Gefühl neu erlebter Selbstwirksamkeit ein und klopfen sich selbstaufblähend auf die Brust.« Sie suchen Sicherheit im Verfahren neuer Abgrenzungen und Ausgrenzungen. »Und in der Echokammer eines autoritären Nationalradikalismus findet lautlos eine Verdeppung der Gesellschaft statt« (Felixberger, 2023, S. 141f.).

Wenn man Wünsche nach Gemeinschaft und Heimat in politische, institutionelle oder weltanschauliche Kategorien übersetzen will, so handelt es sich um *staatliche Souveränität, den Schutz der Grenzen, die Regulierung von Migration, um Nationalismus und Patriotismus.* Nationalismus ist nicht immer gleich Suprematie, es kann sich auch um die schlichte Feststellung handeln, dass die anderen anders sind und man lieber weitgehend unter ›Seinesgleichen‹ bleiben möchte. Das wollen die Sesshaften, die Heimischen, die Endogenen, die Insassen, die *Somewheres* (Goodhart, 2017). Es geht auch um das Zusammenhalten, »nicht das des Hirten, der seine Schäfchen beisammenhält, sondern das derjenigen, die sich einander verbunden bzw. verpflichtet sehen«. Deshalb kann man festhalten: »Zusammenhalt setzt ein Sichverbundensehen und die Bereitschaft zu Handlungen voraus, die aus dieser kollektiven Verbundenheit folgen und das Ganze im Blick behalten und fördern sollen« (Forst, 2020, S. 44). Es ist ein mittleres, ›normales‹ Gemeinschaftsniveau.

Wirtschaftsfragilitäten: Wohlstand

Bedürfniscluster (D): Man hat sich, durch Glück und Arbeit, in den letzten Jahrzehnten Wohlstand angeeignet. Der Wohlstand, der historisch erstmalige Ausbruch ganzer Völkerschaften aus dem Zustand weitverbreiteter Armut, ist ein ›starker‹ Faktor, der die Wahrnehmung und Einschätzung von Selbst und Gesellschaft prägt. Der Wohlstand wird, nach einigen Jahrzehnten steten Anstiegs, als selbstverständlich wahrgenommen. Seine ›Entselbstverständlichung‹ wird als Gefährdung eines Anrechts und Besitzstandes empfunden. Zudem gibt es keine Begrenzungsregel: Man ist entrüstet, dass es nicht noch schneller noch mehr für alle gibt.

Nach dem Zweiten Weltkrieg hätte man das nicht erwartet: einen derart raschen Aufstieg, einen ungeahnten Wohlstand und dauerhaften Frieden. Es ist eine *Anomalie* der europäischen Geschichte: ein Dreivierteljahrhundert des Friedens auf diesem Kontinent (mit Ausnahme der Balkankriege), gleichzeitig mit einem unvorhergesehenen Wohlstandsanstieg. Aber Erfolgsgeschichten und Konvergenzillusionen sind nach der Wirtschaftskrise 2008 prekär geworden. Vor zwei Jahrzehnten proklamierte man Europa als Vorbild für die Welt, EU und Euro wurden als ›Erfolgsgeschichte‹

gelobt: Die ganze Welt würde letztlich so leben wollen. Nach der weltweiten Wirtschaftskrise folgte jedoch eine *Krisensequenz*: Immobilienkrise, Bankenkrise, Realwirtschaftskrise, Budgetkrise, Griechenlandkrise. Diese Abfolge wurde ergänzt durch Migrationskrise, Terrorkrise und Europakrise. Gleichzeitig kommt der digitale Umbruch in Fahrt. Nun sind auch noch Pandemie, Krieg und Inflation dazugekommen. Mit all diesen Krisen wird man aus der Erfolgsbequemlichkeit aufgeschreckt. Die Wirtschaftsparadigmen sind ebenso im Durcheinander: Chinesische Kommunisten spielen Brutalkapitalismus, ein paar Großkapitalisten spenden ihr Vermögen, die Sozialdemokratie verelendet, Kryptofaschisten steigen empor, mancherorts auch Kommunisten, die noch immer ›verstaatlichen‹ wollen.

Wirtschaftliche Dynamik würfelt nicht immer alles durcheinander. Das Wirtschaften beruht in hohem Maße auf Kontinuität. Man kann nicht alles über Märkte regeln, eine Gesellschaft, die andauernd über alles verhandeln und alles vertraglich regeln muss, ist nicht funktionsfähig. Man braucht auch in diesem Falle Kategorien von Selbstverständlichkeit und Normalität. Sonst könnte man miteinander gar nicht reden und arbeiten. Friedrich von Hayek hat auf eine Paradoxie aufmerksam gemacht: Man könnte annehmen, dass komplexere Gesellschaften *mehr* Planung und Regulierung brauchen. Aber genau das Umgekehrte ist der Fall: In komplexen Gesellschaften scheitern Planung und Regulierung an *unzureichendem Wissen über Sachverhalte, Verflechtungen, Backlashes und Nebenfolgen*. Gerade in diesen Gesellschaften muss man viel stärker auf selbstständige Mechanismen (wie Märkte) setzen (von Hayek, 1980/1981 [1973–1979],

2014 [1944]; Gray, 1986). Planung (und erst recht Planwirtschaft) unterstellt ein Wissen, das nicht vorhanden ist, denn die erforderlichen Informationen sind diffus und wandelbar – oft handelt es sich um *tacit knowledge*, das sich gar nicht explizit formulieren (und in Planungen verwenden) lässt. Auch manche Märkte haben sich weiterentwickelt, etwa im finanzwirtschaftlichen Bereich, und man weiß nicht, wie man sie domestizieren kann.

Einkommensirritationen

Einkommensverhältnisse in Europa haben sich während der letzten Jahrzehnte nicht schlecht entwickelt, eine weit stärkere (für europäische Besucher oft sichtbare und schockierende) Polarisierung findet sich in den Vereinigten Staaten, wo die unteren Einkommensschichten deutliche Realverluste zu verzeichnen hatten. Bei der globalen *Vermögenspolarisierung* zeigt sich überall ein weniger freundliches Bild. Karl Marx hat geirrt: *Die Geschichte ist keine Geschichte von Klassenkämpfen, sie ist vielmehr durchgehend eine Geschichte der ›Abschöpfung‹*. Herrschende Klassen haben über Jahrtausende alles abgeschöpft, was über das Existenzminimum hinaus erarbeitet wurde. In den reichen Sozialstaaten der Moderne ist zwar ein besonderer historischer Zustand erreicht, nicht zuletzt durch gewerkschaftliche Gegenmacht, aber große Vermögen werden weiterhin (bzw. wiederum stärker) gebildet (Savage, 2021). Erst recht ist dies der Fall in den neuen Mischgesellschaften (wie Russland und China mit ihren zahlreichen Milliardären in Peking, Shanghai, Hongkong oder Shenzhen) und in Schwellenländern (wie

Indien oder Mexiko). Kein Wunder, dass Thomas Pikettys Buch über das *Kapital im 21. Jahrhundert* zum Bestseller wurde.[1] In den letzten Jahrzehnten hat sich zudem ein *Finanzmarkt-Kapitalismus* entwickelt (Windolf, 2005), der bei den jüngsten Krisen eine Rolle gespielt hat – und man weiß noch nicht so recht, wie man mit dieser gefährlichen ›System-Spezies‹ umgehen soll. Dazu kommen Bitcoins und andere Sonderbarkeiten, Zinsschwankungen und die Inflation. Es hat für die meisten Menschen etwas Unheimliches.

Eine der pessimistischen Perspektiven, die an Pikettys Buch anschließen kann, stammt von dem Historiker Walter Scheidel: *Nach dem Krieg sind alle gleich* (2018). Entscheidende Umverteilung sei immer nur in Kriegen erreicht worden. Das ist keine gute Aussicht – aber das wäre ein anderes Thema. Jedenfalls darf man im derzeitigen Geschehen mit einer weiteren Einkommens- und Vermögensspreizung rechnen. Das wird nicht zur Beruhigung beitragen.

---

1 Thomas Piketty (2014 [2013], 2020 [2019]) befasst sich mit der langfristigen Einkommens- und Vermögensverteilung im Kapitalismus: Wenn die Kapitalrendite größer ist als das Wirtschaftswachstum, kommt es zu steigender Ungleichheit. Seit den 1980er Jahren ist dies wieder der Fall. Nun haben Ökonomen zahlreiche Einwände gegen Pikettys Darstellung vorgebracht, aber Piketty hat an Daten sorgfältig zusammengesammelt, was zu finden war – auch wenn er die Unterschiede zwischen Ländern vernachlässigt hat. Immerhin kann man ergänzen, dass extreme Ungleichheit auch jenseits der ökonomischen Sphäre negative Konsequenzen hat, etwa was die Stabilität von Demokratie oder die Gewalttätigkeit in einer Gesellschaft betrifft. Und (trotz Wahrung des Anreizproblems) hat die europäische soziale Marktwirtschaft nicht nur die Lebensrisiken gemindert, sondern auch immer eine gewisse Gleichheit als ethischen Wert an sich ins Spiel gebracht.

Arbeitsirritationen

In den USA ist die *Entindustrialisierung* eines der wichtigen Themen von Donald Trump: die Abwanderung der Arbeitsplätze ins Ausland, insbesondere nach China. Es wird der Eindruck erweckt, als ob man nur die Grenzen wieder schließen und die Industrien ›zurückholen‹ müsste. Viele glauben an diese Illusion. Auch eine wachsende Zahl von Europäerinnen und Europäern versagt politische Gefolgschaft, wenn die Segnungen des *Weltmarktes* apostrophiert werden: Die Mobilität des Kapitals ist schon seit Längerem gegeben, die Mobilität von Arbeitskräften bedeutet für zentraleuropäische Wirtschaftstreibende den profitablen Aufbau einer Arbeitskräfte-Reservearmee mit lohnanstiegshemmenden Folgen. Das schafft Einigkeit zwischen Progressisten (mit ihrer multikulturell-menschenrechtlichen Argumentation) und Neoliberalen (mit ihrer wirtschaftlich-profitorientierten Perspektive): Beide wollen die Grenzen öffnen, den Zuzug fördern und eine einheitliche Arbeitskräfteintegration zustande bringen. Von progressistischer Seite wird man als nationalistisch, völkisch, rassistisch und fremdenfeindlich attackiert, wenn man offenen Zuzug ablehnt. Das trifft auch Kernschichten der Arbeiterschaft, die man zwar an der Oberfläche wertschätzt, aber doch als verblendet und provinziell einstuft, wenn sie der kosmopolitischen Ideologie nicht Folge leisten; und es trifft auch die ansonsten gleichermaßen geschätzten Gewerkschaften, die in erster Linie den eigenen Arbeitnehmern verpflichtet sind und genügend Bodenhaftung aufweisen, fundamentale Gesetzmäßigkeiten des Arbeitsmarktes zur Kenntnis zu nehmen.

Die gesicherten Erwerbsperspektiven sind aber auch durch die *Digitalisierung* verunsichert worden. Studien sagen voraus, dass in der digitalen Welt die Hälfte der Arbeitsplätze bis zur Jahrhundertmitte verschwinden wird. Schon jetzt gibt es einen Arbeitsplatz-Mismatch: Qualifizierte Arbeitskräfte fehlen in den mittleren und oberen Etagen. Die mittleren Qualifikationen geraten unter Druck, man braucht viele neue Qualifikationen oder rutscht in die Abwärtsmobilität (Reckwitz, 2019). Den demografischen Wandel hat man vielfach erst mit großer Verzögerung wahrgenommen, nämlich erst, als tatsächlich die Arbeitskräfte zu fehlen begannen. Man steckt in dem Dilemma, dass man eine gewisse Menge von Migranten bräuchte, um das Wirtschafts- und Sozialsystem angemessen zu betreiben, doch dies würde nicht nur soziale und kulturelle Vereinbarkeitsprobleme aufwerfen, es ist wohl auch zu vermeiden, positive Signale an ein paar hundert Millionen Menschen auszusenden, die sich den Migrantinnen und Migranten nach Europa gerne anschließen würden. Wie immer man es macht – es gibt keine saubere Lösung.

Klimairritationen

Die *Klimapolitik* hat Fahrt aufgenommen, aber die Programme sind unzureichend, um die allseits beschworenen Klimaziele bis zum Ende des Jahrhunderts anzupeilen (Blühdorn et al., 2020). Einstweilen verheddert man sich in üblichen *trade-offs*. Denn das Dilemma ist: Man will angesichts des Ausmaßes der drohenden Katastrophe zwar politische Entschiedenheit signalisieren, aber nicht ganze Wirtschaftszweige im eigenen Land ruinieren, ohne dass die nationalen

Öko-Maßnahmen für das Weltklima von sonderlicher Bedeutung wären. Zudem fordert das Wahlvolk mehrheitlich eine Klimapolitik des Durchgreifens, doch will es durch diese nicht belastet oder behindert werden.

Die aktuelle *Protestszene* setzt meist beim Klimaproblem an. Proteste sind vorzugsweise ein Themenfeld für die jüngere Generation, insbesondere ein ›Berufsfeld‹ für ›Aktivistinnen‹ und ›Aktivisten‹, die aufmerksamkeitsökonomische Professionalität entwickeln. Klimaprotest bietet die Verbindung von Protestgefühl und Risikolosigkeit. Man hat einerseits das Gefühl, gegen die Gesellschaft anzurennen (wie es dem Selbstgefühl einer Jugend, die ›engagiert‹ sein soll, entspricht), andererseits ist der Protest weitgehend risikolos (denn es sind ohnehin alle für die Klimapolitik). Man rennt mit Vehemenz offene Türen ein. Bei Luxusrestaurants steht der Komplex ›öko-bio-grün-nachhaltig-regional-saisonal‹ längst auf der Speisekarte. *Die Protestkonstellation vermittelt emotionelle Sicherheit:* Man ist nachweislich auf der guten Seite; der Protest erfordert relativ geringes Wissen; das Protesterlebnis vermittelt Gemeinschaftsgefühl und Abenteuerflair (Gebhardt, Hitzler & Pfadenhauer, 2000); und man erhält breiten Applaus.

Der *Ökologismus* wird oft zu einem *religionsähnlichen Lebens- und Lifestyle-Modell.* Er füllt die Atheismus-Lücke. Diverse Versatzstücke aus den Religionen werden in anderer Terminologie aktualisiert: Es kommt der Jüngste Tag; alle sind mit einer erbsündenhaften Schuld behaftet; eine Erlösung ist nur durch radikale Umkehr möglich, die Buße erfordert Verzicht (und sei es nur Verzicht auf Fleisch oder Flugreisen). Wie bei allen Religionen gibt es Eskalationsstufen,

Anhänger der ›reinen‹, ›radikalen‹ Variante lassen sich fanatisieren; dann gelangt man in die Nähe des Ökoterrorismus, einer Öko-RAF, spekuliert mit Terroranschlägen und fordert die Weltrettung ohne Kompromiss: *Öko-Krieger* (Hunter, 2012 [2011]). Es gibt Anleitungen, *how to blow up a pipeline* (Malm, 2020). Aber das ist nicht repräsentativ, mehrheitlich finden Öko-Vorhaltungen die Zustimmung der Wählerschaft, die Mehrheit verlangt konsequente Klimapolitik ohne eigene Unbequemlichkeit. Bloß ein paar Verschwörungsgeneigte bleiben hartnäckig bei ihrem Axiom, dass es die Klimakrise gar nicht gibt.

Wahrnehmungsverzerrungen

Für die meisten Europäerinnen und Europäer ist ihr Wohlstand in der zweiten Hälfte des 20. Jahrhunderts außergewöhnlich, vordem nur in Fantasien erahnbar. Und dennoch ist diese Außergewöhnlichkeit so rasch zur *Gewöhnlichkeit* geworden, dass ein möglicher Reichtumsverlust in den letzten Jahrzehnten unvorstellbar geworden ist. Mit Fortschritt und Wachstum kann es nur aufwärts gehen, nicht abwärts. Dazu kommt die *exponentielle Kurve*: Man rechnet nicht mit konstanten, sondern mit prozentualen Zuwächsen, und das ergibt eine explosive Grafik und eine explosive Wirklichkeit. Alles mündet im Mechanismus von *Selbstverständlichung*, »Das gibt es ohnehin« (jede Errungenschaft ist bloß Mindestniveau, von dort aus wird zusätzlicher Anspruch formuliert), und *Erwartungsdynamik*: »Wenn das schon alles möglich war, dann geht auch noch mehr« (und: »Warum geht das nicht schneller?«).

Alle diese Annahmen stimmen nicht. Es gibt keinen *Ratchet*-Effekt (Sperrklinkeneffekt) für eine Wohlstandsentwicklung. Ebensowenig gibt es die exponentielle Unendlichkeit auf der endlichen Welt. Selbstverständlichung ist Blindheit und Erwartungsdynamik ist Fantasterei. Aber im Zustand der Verlorenheit weiß man nicht mehr, was man beanspruchen, fordern oder erwarten darf.

Der ›Konsumdurchsatz‹ nimmt zu. Das Rad dreht sich schneller (Binswanger, 2006, 2010). Allein der Nutzungsdurchlauf von Textilien hat sich in wenigen Jahren verdoppelt, die Nutzungszeit demgemäß verringert. Die großen Konsumbrocken sind Immobilien, Autos und Tourismus; selbst bei den Nahrungsmitteln kann man in dem Sinne ›aufbessern‹, als man in jedem Supermarkt ein ständig gewachsenes Angebot (zwischen 4.000 und 12.000 Produkten) findet – und ein Drittel der Nahrungsmittel landet in der Mülltonne. Weite ökonomische Wachstumsbereiche haben sich im Bereich des *Entertainments* etabliert, und der Staat ist auch bei diesen Aufgaben in hohem Maße beteiligt (Grimm, 1996). Man hätte in früheren Funktionsanalysen nicht gedacht, dass sich der Staat mit Fußball und Skifahren, mit Ausstellungen und Konzerten, mit Sommerfestspielen und Theateraufführungen zu beschäftigen hätte. Es handelt sich aber nicht nur um die Förderung politischen Wohlwollens durch ›Brot und Spiele‹, sondern auch um Hilfe zur Lösung des Verlorenheitsproblems: was nämlich die Menschen in einer reichen Gesellschaft mit ihrem Geld und ihrer Zeit anfangen sollen. Doch die »Versprechen des Kapitalismus – der Kern seiner säkularisierten Eschatologie auf Erlösung im Leben – scheint heute, in der Hypermoderne, ins Leere zu laufen« (Priddat, 2012, S. 15).

Digitalisierung hilft, die konsumierenden Individuen in den Griff zu bekommen. Einmal mehr ein Paradoxon: *Wo man glaubt, sich ungehindert selbst zu verwirklichen (auf sozialen Plattformen), wird die Kontrolle am intensivsten.*

> »Wo meine Geschichte rückstandslos in meiner Netzbiografie aufgeht, dort wissen Algorithmen nicht nur im Voraus, was ich kaufen, sehen und lesen möchte. Dort werden sie mir auch einflüstern; was ich denken soll, und zwar so, dass ich den soufflierten Gedanken für den Ausdruck meiner Individualität halte« (Esders, 2022, S. 67).

Niemals haben sich Menschen derart entblößt wie im Netz, selbst wenn sie dort nur mit ihren ›Masken‹ aufscheinen wollen (Prisching, 2019). Anbieter und Manipulateure freuen sich über Massendaten. ›Selbstverwirklichung‹ im Netz ermöglicht Nutzbarmachung für eine gezielte konsumistische ›Betreuung‹.

Für die Konsumsteigerung braucht man die Frauen. *Frauenarbeit soll ausgeschöpft werden.* Für das wirtschaftliche Wachstum ist eine stagnierende, ja schrumpfende Bevölkerung fatal. Deshalb wird die Wirtschaft ›feministisch‹, das zu wenig genutzte Potenzial der weiblichen Arbeitskraft in den Prozess einbezogen. Mehr marktförmige Arbeitskraft bedeutet mehr Einkommen, das ermöglicht mehr Ausgaben (und erzwingt gleichzeitig mehr Ausgaben, weil die für das Privatleben ausgefallene Arbeitskraft der Frauen durch Zukäufe oder billigere Dienstleistungen ersetzt und durch zusätzliche Aufwendungen, wie ein Zweitauto, ergänzt werden muss). Man beachte, dass hier nur von strukturellen Notwendigkeiten die Rede ist, noch gar nicht vom ›Geist des Konsumismus‹, der Lebenssinn und Identitätsstiftung an Kaufausweitung koppelt. Die Ausschöpfung der Frauenarbeitskraft ist widersprüchlich: Auf längere Sicht verschärft sie das Übel einer geringen Geburtenrate, deren Wirkung (Arbeitskräftemangel) sie beheben soll. Gleichwohl wird das Hausfrau-und-Mutter-Dasein weltanschaulich (in einer radikalen Kehrtwendung) mit Verachtung, die seinerzeit als ›Entfremdung‹ apostrophierte Erwerbsarbeit mit Selbstverwirklichung und Emanzipation gekoppelt. Zugleich steigert die zunehmende Frauenerwerbstätigkeit das ›angemessene‹ Haushaltseinkommen, wodurch sich ein selbst beschleunigender Effekt ergibt: Das gewohnte und deshalb als ›notwendig‹ erachtete Einkommen kann im Normalfall nicht mehr durch einen Alleinverdiener beschafft werden. Bei den Einkommen werden die erhöhten Haushaltsaufwendungen durch Doppelarbeit nicht in Rechnung gestellt, sodass sich das irritierende Gefühl verbreitet, dass die ›Lebenserträge‹ gegenüber dem intensivierten Arbeitsaufwand schmaler ausfallen: Die Anstrengung steigt, aber die Grenzerträge bleiben zurück.

Durch die Einbeziehung der Frauen in die Normalarbeitsverhältnisse braucht man einen pflegeleichten Haushalt, man muss arbeitssparende Zukäufe tätigen, Kinder werden in Betreuungseinrichtungen versorgt, Ältere zunehmend in Pflegeeinrichtungen. Wie sich das Geschlechterverhältnis (mit wechselseitigen Erwartungen) gestaltet, ist noch nicht abschließend geklärt. Die Geburtenraten werden sich jedenfalls nicht beleben. Man muss darüber hinaus sehen, dass man trotz all der Turbulenzen noch ein halbwegs ›gelingendes Leben‹ hat.

Die *Überschätzung des Sozialprodukts* beruht neben den Mehrausgaben eines Doppelverdienerhaushalts noch auf dem Faktor, dass ein steigender Anteil der marktförmigen Tätigkeiten als *Nonsense-Produktion* angesehen werden kann. Das betrifft einen beträchtlichen Teil der rasch ausgeweiteten Marketingaktivitäten, etwa die ›Zeitschriften‹, die von Banken und Versicherungen, von Universitäten und Forschungsprojekten, von Autokonzernen und Mittelstandsbetrieben herausgegeben werden. Oder die Rechtsberatungsaktivitäten, die schon weit in Privatsphären vorgedrungen sind. Wahlweise auch die Unzahl von Zertifizierungen und Kontrollen, von Preisverleihungen und Rankings – denn überall benötigt man eine Administration von Einreichungen, Abstimmungsaktivitäten, Meetings, Dokumentationen, Eventplanung und -durchführung. Ärzte klagen über den Dokumentationsaufwand, Wirtschaftstreibende über eine Unzahl von Formularen, Verfahren und Berichtspflichten. Alles benötigt Ressourcen.

Es gibt keine Gesamtbeurteilung mehr: Die *Wirtschaftskrise* 2008 hat aufgeschreckt, dann gab es einige ruhige Jahre, schließlich ist in den 2020er Jahren vieles wieder durcheinandergeraten: mangelnde Verfügbarkeit von Arbeitskräften, steigende Zinsen, hohe Inflationsraten. Für die meisten Menschen ist unerklärbar, wie sich die wirtschaftliche Welt und ihre Variablen drehen: Jahrzehntelang hat man sich um Arbeitslosigkeit gesorgt, jetzt um Arbeitskräftemangel. Für die Finanzierung des Hauses hat man mit den stabilen Zinsen gerechnet, plötzlich stimmen aber Rückzahlungsszenarien nicht mehr. In Bezug auf die Inflation herrscht selbst bei voller Entschädigung das Gefühl vor, dass man sich nichts mehr leisten kann. Die *Fehleinschätzungen* scheinen zuzunehmen, insbesondere wenn die

›gefühlte Wirklichkeit‹ der ›wirklichen Wirklichkeit‹ gleichberechtigt an die Seite gesetzt oder vorangesetzt wird.

Westen und Osten

Die westlichen Staaten haben mit einem marktwirtschaftlichen System (insbesondere in der europäisch domestizierten Variante; Albert, 1992) gute Erfahrungen gemacht, sie haben das Modell auch den postsowjetischen Staaten empfohlen. Deren *doppelter Transformationsprozess von der Diktatur zur Demokratie und von der Planwirtschaft zum Kapitalismus* (Beichelt, 2022) ist mit unterschiedlichem Erfolg vollzogen worden. Vor allem konnten sich die alten Funktionärskader recht gut behaupten, in der Übergangsphase wesentliche Ressourcen aneignen und Positionen sichern. Es waren kaum Eliten verfügbar, die das Funktionieren eines modernen Staates sicherstellen konnten. Ein hohes Maß an Korruption stellt weiterhin eine permanente Drainage von Ressourcen dar. Auch wenn sich in diesen Ländern die wirtschaftliche Situation verbessert hat, nicht zuletzt durch Subventionen der EU, sind dennoch überfliegende Erwartungen enttäuscht worden. Man hatte, in Anbetracht der Bilder aus dem Westen, Illusionen über den plötzlich ausbrechenden Reichtum nach dem Ende des Kommunismus; stattdessen entdeckte man, dass die eigenen Betriebe zum Großteil nicht wettbewerbsfähig waren und sich die Marktwirtschaft als anstrengende Beschäftigung erwies. An der europäischen Peripherie ist keine zügige Entwicklung zu erwarten, man befindet sich nunmehr in der *postillusionären Phase*, deshalb gibt es (soweit die EU-Länder zugänglich sind) starke Abwanderungsprozesse. Gemischte Gefühle dort und da.

Das hat Folgen für die Politik. Die *Neigung zum Autoritarismus* in diesen Ländern, die für Westeuropa irritierend ist, kann an die jahrzehntelange Prägung durch diktatorische Strukturen anknüpfen; aber die *nationalistischen* Bestrebungen resultieren auch aus der Erfahrung, dass man einerseits die kommunistische Ideologie ›verloren‹ hat, andererseits aber auch mit einem kapitalistischen System keine Erfolge einfahren konnte (Krastev, 2017; Krastev & Holmes, 2019a, 2019b). Denn das ergibt nicht nur Minderwertigkeitsgefühle, sondern auch eine *geistige Leere*: Sie wird ausgefüllt mit nationalistischen Parolen und autoritären Gesten wie in Ungarn, Polen oder Serbien. Zudem ist es eine rationale Strategie, zur Senkung der Abwanderung in den Westen die *eigene Lebensweise* starkzumachen – eine Lebensweise, in der die Welt noch in Ordnung ist, als Alternative gegen einen ›dekadenten‹ Westen, das Festhalten an traditionellen Werten, eine entschiedene Führung. Es handelt sich offenbar um eine Reihe von Versprechungen zu jenen Themen, die auch in den Westländern die Verlorenheit befördern. Das Modell wirkt deshalb zurück in das westliche Europa, wo in der allgemeinen Verunsicherung das vorgeführte Bild starker Führer durchaus eine gewisse Versuchung darstellt. (Viele ›Ostler‹ nehmen zudem mit höherer Sensibilität wahr, dass bei den ›Westlern‹ neuerdings Verfahrensweisen für attraktiv gehalten werden, von denen sie sich nach langen Jahren befreien konnten: Zensur, Existenzdrohung bei nicht-konformen Äußerungen, Anschuldigungen als hinreichender Tatbeweis. Als Ideal erscheint das Westsystem nicht mehr.)

Feindseligkeit gegen den Westen ist auch aus der Tradition des Westens bekannt, insbesondere aus den linken Bewegungen seit den 1960er Jahren, die den Westen mit Kapitalismus, Globalismus, Imperialismus, Kolonialismus, Rassismus und Amerikanismus identifiziert haben. Mittlerweile ist das Modell der westlichen Progressisten (in weitgehend unveränderter Form) von Diktatoren der Dritten Welt, Autokraten unterschiedlicher Prägung, von Autoritären, Islamisten und Antisemiten übernommen worden. (Die Progressisten sind empört, weil sich die Rechtsautoritären und Totalitären ihre Argumente aus dem progressistischen Repertoire zusammenbauen – was allerdings nicht zur Reflexion über die eigenen methodologischen und thematischen Argumente geführt hat.) Die Skepsis gegen den Westen ist somit als Argumentationsschema anstrengungslos jederzeit verfügbar, man hat das Kapitalismus-Konzerne-Koloniales-Kriegsrüstung-Syndrom als jederzeit verfügbaren Joker zur Erklärung aller Unerfreulichkeiten der Welt zur Hand. Armin Nassehi nennt es die »dunkle Seite des Vertrauens«. Die Skepsis gegen den Westen sei als lebensweltliches Immer-schon präsent – in einer Mischung aus popkultureller Bejahung Amerikas, reflexiver Kritik am Kapitalismus und einer liberalen Ordnung, von der man selbst profitiere. Putin kenne diese geistige Mischung ganz genau, das zeige die »Instrumentalisierung der Mär von der Bedrohung durch die NATO – einer NATO, die anfangs sogar versucht hat, Russland aufzunehmen und einzubinden« (Nassehi, 2022, S. 40). Westliche Verlorenheit kann überlebensrelevant werden.

Scheitern des europäischen Universalismus

Die bislang unhinterfragte Idee, dass domestizierte Marktwirtschaft und liberaldemokratisches System jene Selbstverständlichkeiten der Zukunft sind, denen alle Staaten der Welt zustreben, war ein Wunschtraum, es wird hinfort weniger Fukuyama (1992) und mehr Huntington (1996) sein, also weniger die weltweite Konvergenz und mehr der *clash of civilizations*. Es dämmert die Erkenntnis, dass Europa alle Anstrengungen wird unternehmen müssen, allein im eigenen Bereich die überlieferten Errungenschaften aufrechtzuerhalten – und dass es weit überfordert wäre, der Aufgabe nachzukommen, der Welt das ›Heil‹ (und die Menschenrechte) zu bringen. Vor zwei Jahrzehnten noch haben sich die meisten Drittweltländer entschuldigt: Liberale Demokratie sei ein Ziel, man brauche aber noch Zeit (und einstweilen eine Militärdiktatur). Nunmehr sehen sie liberale Demokratie nicht mehr als Ziel – das sei bloß europäische Idiosynkrasie.

Man hat in Europa die Mechanismen der Weltpolitik falsch gesehen und zweifelt an der Zukunft. Bei den politischen Instanzen klingt es wenigstens für Europa noch hoffnungsvoll: »EU neu denken«.[2] Manche sind unsicher: »Fit für die Zukunft?«[3], »Die ungewisse Zukunft von Europa«[4]. Der *SPIEGEL* sagt bereits deutlicher: »Wir sind nicht fürs 21. Jahrhundert gerüstet.«[5] Und im *Manager Magazin* heißt es dann schon: »Europa verspielt seine Zukunft.«[6] Man hält

2 Siehe https://www.bundeskanzleramt.gv.at/themen/unsere-Zukunft-eu-neu-denken.html

3 Siehe https://www.bertelsmann-stiftung.de/de/unsere-projekte/nachhaltig-wirtschaften/projektnachrichten/fit-fuer-die-zukunft

4 Siehe https://dsv-europa.de/de/news/2020/09/die-ungewisse-zukunft-von-europa.html

5 Siehe https://www.spiegel.de/wirtschaft/europas-zukunft-wir-sind-nicht-fuers-21-jahrhundert-geruestet-kolumne-a-c684d600-b18a-4ba4-9687-677e4af5c7da

6 Siehe https://www.manager-magazin.de/politik/weltwirtschaft/europa-verspielt-seine-zukunft-a-6c1d68c3-fbc0-45e5-a5a8-760d06b9e0c8

es für fraglich, ob Europa die innere Stärke haben wird, seine Probleme anzugehen; man zögert, die Konstruktionsprobleme der EU offen zu thematisieren; man fasst aber erstmals die Situation ins Auge, dass Europa militärisch unterentwickelt und im digitalen Bereich zurückgeblieben ist. Eine fordernde Aufgabenliste.

Wohlstandsüberschuss

Der Blick auf die materielle Lage der Völker lädt (schon immer, erst recht in der Spätmoderne) zu höchst unterschiedlichen Einschätzungen ein. Kapitalismus bzw. Marktwirtschaft: einerseits eine unglaubliche Erfolgsgeschichte, andererseits ein Ausbeutungssystem; enorme Innovationskraft und Dynamik, aber ökologische Bedrohung des ganzen Planeten; große Fortschritte auch für Entwicklungsländer, aber eine sich ausweitende Spaltung; ein abpufferndes Wohlfahrtssystem in europäischen Ländern, aber eben nur im kleineren Teil der Welt. Weitere Widersprüche und Fragwürdigkeiten ließen sich anfügen.

Die westliche Welt der letzten Jahrzehnte ist, was ihren materiellen Erfolg, ihre Sicherheit und ihre politische Liberalität betrifft, aus der Geschichte gefallen. John Kenneth Galbraith (1963 [1958]) hat schon vor mehr als einem halben Jahrhundert über die *Gesellschaft im Überfluss* geschrieben, und dabei hat er noch gar nicht ermessen können, was kommen würde. Jeremy Rifkin (2014) erkennt ein halbes Jahrhundert später einen radikalen Wandel: Die Produktivität nimmt zu, die Grenzkosten werden praktisch Null, Eigentum wird belanglos, es kommt die *Sharing Economy*, alles gibt es im Überfluss.

Rifkin hat nur eines übersehen: wie profitabel es sein kann, wenn man den Menschen (bei Grenzkosten nahe Null, etwa in der digitalen Sphäre) dennoch immer mehr Güter und Dienste für gutes Geld verkauft. In Wahrheit ist die Logik der kapitalistisch-marktwirtschaftlichen Ökonomie *aus der Produktionssphäre in die Konsumsphäre gedriftet*, im Sinne einer Radikalisierung der klassischen Nutzentheorie: Ein Produkt ist nicht, was produziert worden ist; es wird erst zu einem (wertbehafteten) Produkt, wenn es als solches *eingeschätzt* wird. Ein Alltagsgegenstand wird zu einem Kunstgegenstand, wenn er als solcher wahrgenommen wird, und ein Billigprodukt wird zu einem werthaften Produkt, wenn man die Marke (oder eine gute Story) untrennbar mit dem Objekt verbindet. *Der Überflusskapitalismus lebt vom Mythos.* (Ein Kleid, das auf der Titelseite der *Vogue* erscheint oder von Kate Moss getragen wird, springt schlagartig im Wert auf ein Vielfaches.) Der westlichen Wirtschaft ist damit ihre Kernidee, die *Knappheit* (im landläufigen Sinne, nicht im Sinne einer ökonomischen Handlungstheorie), entzogen worden; deshalb muss die Knappheit imaginiert werden, im wörtlichen Sinne, durch Bilder und Marketing. Wenn man nicht eine *Simulation von Knappheit* aufbauen könnte, wäre das Leben sinnlos und der Wirtschaftsprozess funktionsunfähig.

An der europäischen Peripherie, von Rumänien und Bulgarien bis auf den Balkan und in bestimmte Randzonen des westlichen Europa, ist der Weg bis zu einem ›Wohlstandsleben‹ noch beträchtlich. Die restliche Welt, insbesondere Afrika und Asien, hat kein flächendeckendes Wohlstandsszenarium zu bieten. Doch in einer Art von *imaginärer Selbstausweitung* (und Selbstüberschätzung) wollen Europäerinnen und Europäer nicht nur ein gutes Leben für sich selbst, sondern für die ganze Welt: Demokratisierung bis nach Ostasien und Südamerika, Beseitigung der Armut quer durch Afrika, Rettung des Weltklimas für alle. Bloß ein großer Teil der Welt will nicht. Ausgangspunkt für solche Wünsche gutwilliger Menschen ist eine umstandslose, schnelle Moralisierung, befreit von praktischen, politischen und quantitativen Restriktionen. Für solches Selbst- und Weltgestaltungsengagement in freischwebenden Gedankengebilden wollen die Engagierten belobigt werden.

In der westlichen Welt selbst wird Überbietung verlangt. Schon vor Jahrzehnten hat man von der *Revolution steigender Erwartungen* gesprochen (Greven, Guggenberger & Strasser, 1975), mittlerweile kann man kaum leugnen, dass die Anspruchsniveaus weiterhin wesentlich gestiegen sind.

> »Früher, also vorneuzeitlich, war Politik mit Religion und Moral amalgamiert. Heute haben wir es mit einer Überdehnung des modernen Staates zu tun, und zwar sowohl wohlfahrtsstaatlich wie ökologisch. Mit dem Wohlfahrtsstaat, der eigentlich schon in der traditionellen Gemeinwohlformel angelegt ist, kehrt das *summum bonum* zurück: das größte Glück der größten Zahl; der gehobene Lebensstandard wird als politisches Recht definiert. [...] Neu hinzugekommen ist die ökologische Forderung. Sie hat sich ebenfalls sehr rasch als Überforderung des Staates erwiesen. Während die wohlfahrtsstaatliche Überforderung von einem politischen Moralismus ausgeht, steht hinter der ökologischen Überforderung die Ersatzreligion [siehe dazu auch Eßbach, 2014, 2019; M.P.] der Umweltbewegung« (Bolz, 2021, S. 11).

Erwartungen haben sich von empirischen Erfahrungen entkoppelt. Die Geschwindigkeit, mit welcher der verlangte Horizont davonläuft, hat nichts mehr mit der Realität zu tun. Außerdem entsteht der Anspruch jederzeitiger Knappheitsvermeidung, was bei fluktuierenden Verhältnissen Redundanz-Unsinn ist: Man wird etwa nicht ständig Krankenhauskapazitäten für jede denkbare Epidemie vorhalten.

Ein umfassendes Modell selbstzerstörerischer Wohlstandswirkungen bietet die (umstrittene) klassisch-konservative *Verwöhnungstheorie* (Bell, 1976; Bloom, 1987): Zivilisationen werden reich, ihre Eliten übermütig, die Mitglieder verweichlicht, sie können den Härten von Krisen oder Angriffen nicht mehr standhalten, sie bringen auch den Kampfgeist nicht mehr auf, sich unter der Inkaufnahme von Opfern zu wehren. *Luxus produziert Schwäche*. Solche Argumente sind schon in Hinsicht auf die Kämpfe der Griechen verwendet worden, erst recht bei den Überlegungen zum Untergang Roms (Gibbon, 1997 [1776]) – und für viele weitere zivilisatorische Zusammenbrüche. Die Theorie ist in Misskredit geraten, weil man das Männlich-Kämpferisch-Heroische in den europäischen Ländern ohnehin verabscheut – was aber möglicherweise bereits Ausdruck einer ›pazifistischen‹ (also eben verwöhnten) Gesamtstimmung sein könnte. Der israelische Philosoph Carlo Strenger (2017) hat lapidar gesagt: Die Wohlstandsgesellschaft sei weithin gekennzeichnet von der *Psychologie des verwöhnten Kindes – mit ziemlich geringer Enttäuschungsresistenz*. Unersättlichkeit schafft nicht Überfluss, sondern Leere.

Verwöhnung mündet in Enttäuschung. Die Nicht-Einlösung der überhöhten Hoffnungen führt nicht zu Ernüchterung, sondern zu Enttäuschung und Panik. Die Nicht-Einlösung beruht auf Beschleunigungs- und Vermehrungsgrenzen – das alte Problem eines exponentiellen Wachstums, das da und dort doch an Grenzen gerät (die bislang durch verstärkten Mitteleinsatz überwunden werden). Zudem gelten für viele Lebensbereiche die Gesetze abnehmender Grenznutzen, sodass mit immer größerem Aufwand immer kleinere Vorteile zu gewinnen sind (Tainter, 1988). Schließlich gibt es eine unübersteigbare Hürde: Zeit und Kraft des Menschen sind begrenzt. Wenn der Lebenssinn nun darin besteht, dass der Akteur möglichst alles, was das Leben zu bieten hat, ausschöpfen soll, wenn die reiche Gesellschaft aber immer mehr und immer mehr zu bieten hat, wenn deshalb der Mensch selbst zum Engpass wird, weil er sich nicht ›vervielfältigen‹ kann –, dann wird der *Anteil der konsumierbaren Optionen an den möglichen Optionen immer geringer*. Es muss angesichts begrenzter Lebenszeit auf einen immer größeren Anteil des potenziell Erlebbaren verzichtet werden. Wenn aber die Ausschöpfung aller Erfahrungen die Sinnerfüllung des Lebens ausmacht, wird der Sinn geschmälert und es entsteht ein *steter Mechanismus der Enttäuschungsproduktion* (Prisching, 2006).

Errungenschaften sind uneindeutig, sie bergen auch Gefährlichkeit. Zunehmend gerät man insofern in *Lose-lose*-Situationen, als die Erfolge selbst als Gefährdungen wahrgenommen und mit Missstimmung quittiert werden. Es gibt enorme Erfolge der Chemie: Gesundheit und Pharmaindustrie, Lebensmittelproduktion oder High-Tech-Werkstoffe. Aber gerade die Chemie wird zugleich zum Symbol für Lebensfeindlichkeit und Vergiftung. Man traut den wissenschaftlichen Errungenschaften nicht mehr, lebenserleichternder technischer

Fortschritt wird problematisch, in der Handhabung und in der Einschätzung.

> »Alltägliche Dinge, die für Menschen früherer Zeiten selbstverständlich waren, etwa, daß man zum Feuermachen Brennholz sammelt, daß man Energieträger wie die Kohle verbrennt, diese Banalität stürzt uns Zeitgenossen in das schwer zu lösende Problem der Reduktion des Ausstoßes von Kohlendioxid in die Atmosphäre. Die Selbstverständlichkeit, daß man sich gegen Feinde mit all den Waffen zur Wehr setzt, die man besitzt, wer könnte sie heute noch ungebrochen vertreten? Die Selbstverständlichkeit, daß, wer es zu Hause nicht mehr aushält, zu Fuß, zu Pferd oder mit Hilfe eines Fahr- oder Flugzeugs in andere Regionen ausweicht, ist eben nicht mehr banal, sondern hoch brisant, wie die sich mit dem Smartphone orientierenden Migrationsströme dieser Erde zeigen. Die Selbstverständlichkeit, Dinge, die man nicht mehr braucht, einfach wegzuwerfen, ist ebenso verloren gegangen, wie die Selbstverständlichkeit, das individuelle Leben mit allen Mitteln ärztlicher Technik bis zum letzten Lebensfunken zu erhalten« (Eßbach, 2019, S. 842).

Errungenschaften werden in Quellen des Leidens umdefiniert. Die meiste Arbeit ist von körperlicher Mühsal befreit worden; jetzt aber werden Geist, Psyche und Seele gemartert. Die Menschen können kaufen, nun aber versinken sie in der Idiotie des Konsums. Sexualität ist befreit worden, weit entfernt von einer Freud'schen Zwangslage, das allerdings macht die Menschen unfähig zu soliden Partnerbeziehungen und Familienkonstellationen. Die Menschen haben Freizeit gewonnen, aber sie enden in Leere und Langeweile. Unglaubliche Fortschritte sind in der Medizin erzielt worden, nun aber ist diese eine ›entmenschlichte Gerätemedizin‹. Die Geschlechterbeziehungen sind entkrampft, aber die Menschen wissen nicht mehr, wie sie miteinander umgehen sollen. Alle haben ihr ersehntes Auto bekommen, das aber steht im Stau und vernichtet die Umwelt. Die Frauen wollten auf den Arbeitsmarkt, das allerdings führt zu Stress und Doppelbelastung. Die Menschen leben länger, aber die letzten Lebensjahre sind doch bloß eine Zeit des Leidens. Es gibt nichts Gutes unter der Sonne, das ein Gutes bleiben darf.

Nun gibt es in dieser Zeit des Leidens ohnehin umfassende Betreuung. Der Wohlfahrtsstaat hat sich längst von seinen ›klassischen‹ Staatsfunktionen gelöst und ist zu einem *paternalistischen Fürsorgeapparat* geworden. Dabei handelt es sich durchaus nicht nur um politische ›Wahlvolkbestechung‹, sondern auch um die Reaktion auf die Wünsche des Fußvolks. Der Staat soll nicht nur Härtefälle beseitigen und Risiken mindern, er soll vielmehr für das ›gute Leben‹ sorgen: Unbequemlichkeiten kompensieren, für Unterhaltung und Lebensfreude sorgen und zum richtigen Leben verführen (oder durch *nudges* anstoßen) (Thaler & Sunstein, 2009 [2008]). »Genau wie die sozialistischen Emanzipationsprogramme neigt auch eine Politik, die die Menschen vor sich selbst schützen will, zum Paternalismus und behandelt sie als unmündig« (Bolz, 2021, S. 13). Die Entscheidungsfreiheit der Menschen wird hochgehalten, aber sie sollen vor falschen Entscheidungen, vor der falschen Einschätzung von Risiken, vor der Gefahr, Gefahren nicht zu erkennen, geschützt werden – *der Staat als ›Helikoptervater‹*. Max Webers ›stahlhartes Gehäuse‹ wird in Watte gepackt.

Wohlstandsdefizit

Der große wirtschaftliche Einbruch hat sich, entgegen mancher Krisenprognosen, nicht vollzogen. Besorgnisse über die weitere Entwicklung der Lebensverhältnisse darf man dennoch hegen. Kaum hat man die große Wirtschaftskrise des ersten Jahrzehnts in diesem Jahrtausend überwunden, sind die bekannten Krisen gefolgt: Migration, Corona, Inflation, Arbeitskräfteknappheit, Energiemangel und Ukraine-Krieg. Manche greifen in der aktuellen Situation wieder zu den drastischen Vokabeln – ein *Global Wealth Report* titelt: »Die Party ist vorbei.«[7] Manche Zeitungen überlegen, ob man gleich auf ›Kriegswirtschaft‹ umstellen sollte.[8]

Wenn die ›fetten Jahre‹ vorbei sein sollten, kommen am Rande Betrachtungen darüber auf, ob westliche (europäische) Gesellschaften *›krisenfähig‹* sind, d. h. ob wohlstandsgewohnte Menschen mit restringierten Lebensbedingungen zurechtkommen. Eine mögliche Reaktion auf eine Krise kann sein: *Solidarität.* Immer wieder verbinden sich mit aktuellen Krisen auch Erwartungen eines zukünftig veränderten Verhaltens, so etwa in der Pandemie: Nach dieser Erfahrung werde alles anders sein. De facto hat sich alles rasch auf die alten Verhältnisse eingependelt. Eine zweite Reaktion auf Krise kann aber auch die gegenteilige sein: *Rücksichtslosigkeit.* Schließlich will jeder seinen eigenen Kopf retten. Eine individualisiert-

7 Siehe https://www.allianz.ch/de/ueber-uns/medien/medienmitteilungen-pressekit/2023/allianz-global-wealth-report-2023.html

8 Siehe https://www.spiegel.de/politik/ruestungsindustrie-eu-kommission-plant-massive-staerkung-und-mehr-einkaeufe-bei-europaeischen-firmen-a-7e7cd9ef-a929-432b-b51b-4691512fc052

narzisstische Grundstimmung würde die letztere Reaktion nahelegen: *Überlebenskampf.* Die politische Instabilität wird die Verlorenheitsgefühle nicht vermindern.

Wohlstandsbalance

Die Zeitschrift *Foreign Policy* hat im Juli 2021 führende Ökonomen und Denker befragt, welche Bezeichnung sie für diese unübersichtliche Gesellschaft anbieten würden. Zu den Ergebnissen gehörten: *experimentelle Ökonomie, Epoche der entfesselten Regierung, Postfinanzkapitalismus, Epoche tödlicher Disparitäten, Epoche des infantilisierten Liberalismus, Boring 20s, Fuzzynomics.* Der letzte Begriff wurde von Antoine van Agtmael vorgeschlagen: Es sei eine Übergangszeit. Man könne nicht erkennen, was geschieht. Das Schwergewicht der internationalen Szene wandere von West nach Ost. Amerikaner mögen noch an ihren Exzeptionalismus glauben, der Rest der Welt tue es nicht mehr. Ansonsten habe sich der Westen die ungeprüfte Idee angeeignet, man könne sich aller Probleme durch das Ausgeben von Geld, das man nicht habe, entledigen. Man habe sich in eine unhaltbare Situation manövriert, in der man so weitermachen müsse, um wirtschaftlich und politisch den Kopf über Wasser zu halten (van Agtmael, 2021). *Fuzzynomics:* ein unscharfes Bild. Das ist eine andere Formulierung des Phänomens, dem wir in thematisch erweiterter Weise hier nachspüren.

Wenn das letzte Dreivierteljahrhundert für die meisten europäischen Staaten ein Zustand der behaglichen Anomalie gewesen ist, wird man nicht damit rechnen können, auf einen unproblematischen Wachstums- und Wohlfahrtskurs einzuschwenken. Die Vielfalt der Krisen könnte eine schlichte *Systemüberforderung* bewirken: durch objektive Grenzen oder durch uneinsichtige Erwartungen. Der europäische Staat hat (im Vergleich zum radikalen amerikanischen Kapitalismus) viele Bereiche in (teilweise) staatliche Regulierung übernommen: von den Wohnungen bis zum Nahverkehr, vom Gesundheitswesen bis zum Rechtswesen, von den Bildungseinrichtungen bis zu manchen Medien. Der Staat hat (nach allen Daten) eine gute Performanz hingelegt. Für große Teile der europäischen Bevölkerung hat der ›rheinische Kapitalismus‹ (Albert, 1992) allerdings eine *Mentalität der Kostenlosigkeit* erzeugt, die dazu führt, dass dem Staat nicht nur notwendige und sinnvolle Leistungen abverlangt werden, sondern eine paternalistische und perfektionistische Betreuung in allen Lebenslagen. Gesellschaftliche Systeme sind im (wie auch immer veränderlichen) ›Gleichgewicht‹, wenn Beziehungen dauerhaft geordnet sind, wenn es eine begrenzte Bandbreite von Wechselwirkungen und Zuständen gibt und wenn unter diesen Bedingungen die Grenzen der Bestandsmöglichkeiten nicht überschritten werden.

Dass es dabei um die Existenz geht, wird nicht erkannt. Philipp Staab hält es für den entscheidenden Punkt,

> »dass die typisch moderne Überzeugung, Selbsterhaltungsfragen seien eigentlich gelöst, als stillschweigender Konsens der Gesellschaftsanalyse längst brüchig geworden ist. Viel eher muss eine systematische *Rückkehr von Selbsterhaltungsfragen*, die freilich selbst ein Effekt der modernen Selbstentfaltungsprogrammatik sind, den Dreh- und Angelpunkt der Auseinandersetzung mit dieser, insbesondere aber wohl auch mit der nächsten Gesellschaft bilden« (Staab, 2022, S. 12).

Was das im Detail bedeutet, wollen wir vorderhand noch nicht wirklich wissen. Ein anderer Kommentator der Zeit, Fabian Scheidler, schreibt als Untertitel seines Buches von der »scheiternden Zivilisation« – und gleichzeitig von der »beklemmenden Ratlosigkeit« (Scheidler, 2015). Wenn man dennoch auf einer halbwegs gleichgewichtigen Lösung beharren will, dann wäre wohl ein mittleres, ›normales‹ Wohlstandsniveau, ohne Absturz und ohne Illusionen, anzupeilen.

Gewaltbesorgnisse: Sicherheit

> Bedürfniscluster (E): Gewährleistung von Sicherheit (Schutz vor Gewaltsamkeit) ist die grundlegende Aufgabe des Staates. In der ›europäischen Anomalie‹, dem Dreivierteljahrhundert von Friedlichkeit (mit im historischen Vergleich geringfügigen Ausnahmen), hat man gelernt, Sicherheit als gegeben anzunehmen. Diese Sicherheitsgarantie ist erschüttert worden. Gewaltmonopol, staatliche Souveränität, ja selbstständiges politisches Handeln generell erscheinen immer stärker eingeschränkt, insbesondere durch unfriedliche Globalisierung und durch globalen Terrorismus. Die Wiederkehr einer möglichen Kriegssituation hat eine Veränderung des Weltbildes erzwungen.

Sicherheit wurde – seit Thomas Hobbes – immer als Voraussetzung für alles ›Übrige‹ betrachtet: Das Gewaltmonopol des Staates bedeutet Gewährleistung von Leben und Überleben, Gewaltfreiheit und Unversehrtheit. Das ist der Kern der Souveränität einer politischen Einheit (Reinhard, 2002). Doch die jüngeren Erfahrungen sind anders. Flüchtlinge, die über die Grenze drängen und den Staat hilflos erscheinen lassen. Terror, der sich auf fatale Weise mit Migration und Religion verknüpft. Während die meisten auf die Grenzen (und auf neue Kriege) starren, breiten sich andere Unsicherheitspotenziale aus, etwa im Zuge der Digitalisierung. Wie nutzt die organisierte Kriminalität das Darknet? Wartet demnächst der große Blackout? Der Cyberkrieg?

Obwohl alle Themen unter dem Sicherheitsaspekt erörtert werden können, wollen wir uns unter diesem Titel auf die handfesten, also lebensbedrohenden Gewaltereignisse beschränken. Das Virus hat die banale Körperlichkeit bedroht, das Digitale ist eine unheimliche, neue Dimension. Dazu kommen die ›konventionellen‹ Formen der Sicherheit, nämlich Verbrechen, Terror und Krieg.

Virus als Ausgesetztheit

Zeitweise hat sich die Spätmoderne vor der *Künstlichkeit* der maschinellen Welt gefürchtet – und dann wurde sie von der entgegengesetzten Seite angegriffen, vonseiten der Biologie, der *Körperlichkeit. Das Virus war eine Erschütterung existenzieller Sicherheit.* Menschen haben entdeckt, dass sie selbst körperliche Wesen sind. Die Spätmoderne hatte längst das Biologische und Körperliche abgeschoben, den Tod verdrängt; und im Zuge der Pandemie sind die Todeszahlen allabendlich in den Fernsehnachrichten aufgetaucht. Menschen wurden darauf aufmerksam gemacht, dass sie sich, als Teil der Evolution, in Symbiose und Kampf mit anderen Lebewesen befinden.

Der Staat konnte in diesem Falle nicht schützen – und das widerspricht den Erwartungen. Besonders wenn sich das Geschehen hinzieht, steigert sich das Unbehagen. Es ist eine *›unsichtbare‹ Bedrohung*, so wie Ulrich Beck in seiner *Risiko-*

gesellschaft (1986) seinerzeit die Radioaktivität beschrieben hat. Man spürt nichts, kann die Ursachen nicht wahrnehmen, und wenn man sich schlecht fühlt, ist man möglicherweise bald tot. Es handelt sich um eine Krise, die man in ihrer Verlaufslogik überhaupt nur durch *Expertenanalyse* erkannt hat. Dagegen hat man protestiert, sinnloserweise: gegen den Staat, der selbst weitgehend hilflos war, und gegen das Virus, das sich von diesem Protest nicht beeindrucken ließ. In der postpandemischen Zeit bleibt ein Hauch von *›Ausgesetztheit‹* in der Atmosphäre hängen: *Nach der Endemisierung bleibt die Verunsicherung.* Es bleibt der Verdacht, dass man sich aus der Natur des Biologischen nicht hinausstehlen kann, auch nicht durch *Human Enhancement* oder *Transhumanismus.*

Digitale Unsicherheit

Seit mehreren hundert Jahren sind die Staaten die wichtigsten Akteure in innenpolitischen und in globalen Angelegenheiten. Mittlerweile haben allerdings große Technologieunternehmen die Kontrolle über wesentliche Teile der Sicherheit übernommen. Sie bestimmen nicht nur geopolitische Zusammenhänge, sondern auch die (offenen oder selektierten) Wissensströme der Gesellschaft. Unmittelbar oder mittelbar sind die Informationsflüsse die Lebensadern der Spätmoderne; in diesen Strömen wird die reale Welt noch einmal ›verdoppelt‹, sie funktioniert nur noch durch ihr Backup in den Bits. ›Digitalisierung aller Lebensbereiche‹ bedeutet nicht nur, dass die elektronischen Dimensionen dazukommen – vielmehr verschwinden Teile der analogen Welt. Es kommt zu einer *Entanalogisierung der Gesellschaft* – die ›handgreifliche‹ Welt löst sich auf. Es gibt keine Rückfallposition, wenn das Digitale nicht funktioniert. Einige Beispiele: Ein Supermarkt ist als Ganzes ein riesiger Computer, eingebunden als Teil eines viel größeren Computersystems. Er ist insofern entanalogisiert, als ohne digitale Nutzung nichts verkauft werden kann. Man kann die Bestände nicht überwachen und Bestellungen nicht tätigen, man hat keine Preise zur Verfügung und kann kein Geld entgegennehmen. Dasselbe gilt für Buchungssysteme (und zunehmend für Schlüsselsysteme) im Hotel. Ebenso abhängig sind Verkehrssysteme, Elektrizitätssysteme, Mediensysteme. Ohne Datenflüsse ist alles tot. Ohne Datenflüsse ist kein Strom verfügbar und kommt kein Wasser aus der Wasserleitung.

Diese Bedrohung ist deshalb gegenwärtig, weil auch die Akteure von Cyberkriminalität, Cyberterror und Cyberkrieg über die Anfälligkeit des Systems Bescheid wissen. Wir sind vorderhand nur mit den allerersten Erscheinungsformen einer (zuweilen erpresserischen, zuweilen zerstörerischen) Cyberbedrohung konfrontiert. Wenn es kein Leben außerhalb der Informationsräume gibt, macht dieser Umstand das System angreifbar und fragil. Die lohnenden Untaten der Zukunft werden ›elektronisch‹ stattfinden.

Gewalt und Terror

Gewalt, sagt Hans-Georg Soeffner (2003, 2004), ist ein Faszinosum, aber auch das Ärgernis schlechthin für einen ›modernen‹ Blick auf die Gesellschaft. Sie bedeutet Befreiung von den Zwängen einer durchinstrumentalisierten Gesellschaft. Sie durchbricht alle wirtschaftlichen, politischen und sozialen

Logiken. In manchen Formen der Gewalt, im Terror zumal, verbindet sich das Blutige und Grausame mit dem Numinosen und Heiligen (Otto, 1917). Zuweilen wird Gewalt zum Krieg gegen die Zivilisation schlechthin, zur ›Orgie‹, zum heiligen Akt, zur Selbstvergessenheit. Für Terrorakte ist dies gut belegt: Der Terror gipfelt in der rauschhaften Selbstvernichtung, das eigene Opfer gehört – als Gipfel der ›heiligen‹ Handlung – untrennbar zur Gewalttat hinzu: Ekstase, Hingabe, Erlösung. Die Handlung kommt aus der Wut, sie zielt auf die Vereinigung mit Gott. Deshalb das »Lächeln der Freude« (Tahiri, 1993, S. 186) in den Momenten vor dem Tod des Terroristen.

»Gegenüber der Normalität (des Alltags) betont Gewalt das Außeralltägliche, in diesem Sinne Abnormale« (Soeffner, 2003, S. 58). Ihre Irrationalität beschwört die extremen Gefühle. Soeffner zitiert Sebastian Haffner: »Normalität, gepaart mit Tüchtigkeit, mag populär machen; aber letzte Liebe und letzter Hass, Vergottung und Verteufelung, gilt nur dem äußerst Abnormalen« (Haffner, 2002, S. 50). Wenn die Gewalt das große Gegenüber der Normalität darstellt, muss Letztere vom Anstieg der Ersteren zutiefst irritiert werden. Gewalt spricht im Menschen eine Dimension an, von der wir ansonsten lieber nichts hören wollen. Einmaligkeit und Außerordentlichkeit gewisser Schandtaten relativieren sich allemal beim Blick auf die Geschichte, die ein Szenarium von Völkermorden, Folterungen und Grausamkeiten bietet. Nur im Augenblick des Erschreckens dominiert die vermutete Einmaligkeit: bei den Hutu und Tutsi, bei 9/11, beim Terrorüberfall auf Israel. Die Irritation hält sich eine Weile.

Gewalt wird zur Inszenierung. Gewalt und Terror sind

nicht mehr nur Beziehungen zwischen Täter und Opfer; im Falle der üblichen Terroranschläge ist es offensichtlich, dass die Täter nichts gegen die Opfer vorzubringen haben – die Opfer sind einfach zur falschen Zeit am falschen Ort. Die Täter-Opfer-Beziehung ist vielmehr eine Inszenierung, die sich an Dritte richtet. Es ist *demonstrierte, vorgezeigte Gewalt*. Der Täter will anschaulich machen, dass er in der Lage ist, Gewalt auszuüben, und zwar jederzeit und überall. Es ist diese *Symbolik der Machbarkeit und der Allgegenwart*, die der Täter vermitteln möchte, und genau das lässt einer befriedeten und befriedigten Gesellschaft die Haare zu Berge stehen. Nirgends ist man sicher. Mittlerweile hat man sich an ›Muster‹ solcher Aktionen gewöhnt. Ein paar große Taten (wie 9/11 oder der Anschlag auf Charlie Hebdo) sind aufregend, aber wenn sich einmal mehr ein verwirrter Kleinkrimineller oder Jugendlicher mit dem Küchenmesser an beliebigen Passanten abarbeitet, ist diese Untat bereits ›einordenbar‹. Wir kennen den Typus. Allenfalls werden Vorgeschichte und Umfeld genauer aufgearbeitet, wenn sich der Akteur fortgeschrittene Waffen aus dem Darknet besorgt hat. 2003, nach der 9/11-Aktion, haben allerdings Gross und Hitzler bereits vermerkt, dass das

> »zivilisatorisch Entsetzliche, der eigentliche, weil unabsehbare und zugleich unfassbare Terror vor allem anderen darin [besteht], dass mit dieser unabweisbar schrecklich ›eindrucksvollen‹ herostratisch-suizidären Aktion eine als realisierbar erkennbare Handlungsmatrix, ein sozusagen von Jedermann zu jeder Zeit unter fast allen denkbaren und noch undenkbaren Um-

ständen applizierbares Vorbild geschaffen und dergestalt tatsächlich eine Pandora-Büchse geöffnet worden ist, welche sich nicht mehr schließen lassen wird: Der mit maximaler Schädigungs- und Zerstörungsabsicht durchgeführte Selbstmord ist aus dem Schattenreich des zwar prinzipiell in der Welt Vorhandenen, aber nachgerade Undenkbaren, in die Reichweite des nun nachgerade Jedermann instrumentell zuhandenen Möglichen gerückt« (Hitzler & Gross, 2003, S. 117).

Diese Voraussage ist eingetreten. Terror ist Alltagsroutine. In ganz Europa sind es ein paar Dutzend Tote pro Jahr. Terror ist billig, braucht kein qualifiziertes Personal, kann jederzeit ausgeübt werden, benötigt keine ausgefallenen Instrumente, ist allemal aufsehenerregend. Dafür ist die Erfolgsquote der Terroristen (gemessen an der Zahl der Anschläge oder an der Zahl der Todesopfer) in Europa gering. Möglicherweise arbeiten die Geheimdienste recht gut. Aber gerade die ›unheimliche‹ Tatsache, dass Terror jederzeit an jedem Ort stattfinden und beliebige Menschen treffen kann, schafft Unsicherheit in der Bevölkerung.

Sicherheitsverdämmerung

Kriminalität hat es immer gegeben, und die Kriminalsoziologie hat Erkenntnisse über Ursachen und Begleitumstände gesammelt. Aber der Kultur-Clash, der durch Migration entstanden ist, hat neue Verhältnisse geschaffen. Die progressistischen Lager spielen die Sachlage herunter. Eric Gujer, Chefredaktor der *Neuen Zürcher Zeitung*, schreibt Anfang 2024 in einem Newsletter über die deutsche Normalität: Die Berliner Feuerwehr habe gleich zu Jahresanfang erklärt, es sei ein ›normales Silvester‹ gewesen.

> »Es ist vermutlich normal, wenn fast 5.000 Polizisten aufgeboten werden müssen, um Randalierer abzuschrecken und die Rettungskräfte zu schützen. Wenn ganze Strassenzüge und Plätze abgesperrt, Passanten durchsucht und Fahrzeuge gestoppt werden, um die Strassenschlachten des Vorjahres zu verhindern, ist das normal. Mit viel Glück geschah nichts Schlimmeres. In Neukölln hob die Polizei rechtzeitig eine Molotow-Manufaktur aus, in der Brandsätze für die Silvesternacht fabriziert wurden. Im selben Berliner Stadtteil schleuderten Täter einen Feuerwerkskörper, der massive Schäden anrichten kann, auf einen Streifenwagen. Der war danach nicht mehr fahrtüchtig. [...] In Köln schützten 1.000 Polizisten den Dom und die Innenstadt, nachdem die Behörden zuvor den Hinweis auf einen bevorstehenden islamistischen Anschlag erhalten hatten. Ein Deutschtürke, ein Tadschike und ein Usbeke kamen in Gewahrsam. Da sich die Planungen offensichtlich in einem frühen Stadium befunden hatten, reichten die Beweise nicht, um die Männer in Untersuchungshaft zu setzen. Erst im Sommer hatte die nordrhein-westfälische Polizei einen Usbeken, einen Tadschiken und einen Kirgisen festgenommen, die dem zentralasiatischen Ableger des Islamischen Staates angehören sollen. Sie waren als Flüchtlinge getarnt nach Deutschland eingereist und tauschten sich über ein Attentat aus.«

Alles normal? Gujer fügt in aller Schärfe hinzu: »Manche Politiker und Wissenschafter verdrängen die Wirklichkeit einfach, indem sie beispielsweise den Zusammenhang von

Migration und Terrorismus leugnen. So viel Plumpheit hat es allerdings zunehmend schwer.«

Gefährder und Täter lassen sich knapp beschreiben: männlich, jung, oft alkoholisiert, Migrationshintergrund. Die Berliner Polizeipräsidentin erklärt, 99,9 Prozent der Menschen würden friedlich feiern. Das mag beruhigen. Wenn die Aussage aber ernst gemeint *wäre*, blieben 0,1 Prozent Randalierer oder Gewalttätige. Bei einer Bevölkerung von rund 80 Millionen sind das 80.000 unfriedliche Personen. So hat es die Polizeipräsidentin wahrscheinlich nicht gemeint.

Wenn Erklärungen geliefert werden, bezieht man sich auf schlechte soziale Lage, unzureichende Wohnverhältnisse, mangelnde Bildung, Langeweile, Arbeitslosigkeit, Integrationsdefizite, Traumata aus Fluchtsituationen und ähnliche Gründe. Aber die ›Themen‹ des Protests sind insofern vorgeschoben, als nicht für mehr Jobs demonstriert und insofern eine verstehbare politische Forderung erhoben wird. Es wird Wut in Handeln umgesetzt. Dabei nimmt man Selbstschädigung in Kauf, denn zunehmend werden auch Feuerwehr und Rettungskräfte bei ihren Einsätzen angegriffen und behindert. Es kann sich in diesen Fällen offenbar nicht um die Imagination von feindlicher ›Obrigkeit‹ handeln (wie bei der Polizei), sondern um Menschen, die helfen wollen. Die Angriffe sind nicht nur eine Frage des Anstands (selbst wer die Polizei als Repräsentantin der ›Obrigkeit‹ hasst, sollte Respekt vor dem Roten Kreuz haben), sie verweisen einmal mehr auf die Frage des Sinns solcher Aktionen. Nach einer ähnlichen Ratio kann man fragen, wenn in den Pariser Vororten die eigene Infrastruktur vernichtet wird, also etwa Bildungseinrichtungen, Jugendzentren oder Krankenstationen – obwohl man weiß, dass man die Sanitätsstellen demnächst selbst benötigt. Das ist nicht Forderungsartikulation, sondern Vernichtungsdrang. Aber solche Aktionen können die Vermutung bestärken, dass es eine ›blinde Aggressivität‹ ist, die sich Bahn bricht, selbst unter Inkaufnahme von eigenen Nachteilen, dass also die ›Themen‹ oder ›Anlässe‹ eher indirekte Einspeisungen in das generelle Potenzial des Ressentiments sind.

Sicherheitsüberschuss

Die aktuellen (gewaltbezogenen) Unsicherheitsgefühle könnten insofern als außergewöhnlich betrachtet werden, als die Gewaltausübung im Laufe der Jahrhunderte bis in die Gegenwart geringer geworden ist. Steven Pinker (2013 [2011]) hat in seinem Buch über Gewalt gute Belege dafür vorgebracht, dass sich sowohl die innerstaatlichen als auch die zwischenstaatlichen Gewalttaten im Laufe der menschlichen Geschichte wesentlich verringert haben. Selbst wenn man die Gräueltaten des 20. Jahrhunderts, insbesondere die Weltkriege, in Rechnung stellt, war es das friedlichste Jahrhundert, welches die Menschheit bisher erlebt hat.

Trotz der Terrorangst ist es in Wahrheit eher verwunderlich, wie harmlos sich Terror in Europa auswirkt. Terror wird überschätzt, bei rund 200 Terrortoten in Europa pro Jahr. Das sind wenige Opfer (auch wenn jeder Einzelne ein Toter zu viel ist). Denn den rund 200 Terrortoten stehen in Europa 20.000 Morde, 30.000 Verkehrstote, geschätzte 90.000 Krankenhausinfektionen mit Todesfolge gegenüber. Wenn man in Rechnung stellt, dass die Hälfte der Morde auf Täter im Bekannten- und Verwandtenkreis des Opfers zurückzuführen ist, kommt man zu dem Schluss: Gefährlich ist es nicht draußen, wo auf der Straße angeblich die Terroristen lauern, sondern zu Hause. Eine amerikanische Statistik listet andere Zivilisationsgefahren auf: rund 20 Tote pro Jahr durch bewaffnete Kleinkinder; rund 70 Tote pro Jahr durch Rasenmäher, rund 740 Tote pro Jahr, weil die Personen aus dem Bett gefallen sind. Betten und Rasenmäher sind also sehr viel gefährlicher als Terroristen.

Warum also die Angst? Da Europa während der letzten sieben Jahrzehnte eine *Anomalie* (mit Friedlichkeit, Wohlstand, eine Luxusecke der Welt) gewesen ist, hat diese Friedenserfahrung die Sensibilität gegenüber den Gefahren der Gewalttätigkeit erhöht. In Ländern wie Deutschland, der Schweiz und Österreich fühlt man sich leichter erschreckt als im Irak, wo der Terror zum Alltag gehört. *Eine sichere Gesellschaft sucht nach weiterer Sicherheit.* Es kann nie genug Sicherheit geben. Denn Gewalt ist aus dieser Welt ›hinausdefiniert‹ worden. Friedlichkeit verwöhnt, so wie der Wohlstand. Im Zuge der Corona-Pandemie hat man zeitweise (aufgrund mangelnden Wissens) mehr Sicherheit vorgesehen, als die Seuche erfordert hätte.

Die wesentlichste Option, Sicherheit in allen Gewaltdimensionen herzustellen, ist eine mit den digitalen Instrumenten bewirkte *Kontrollgesellschaft*. Dave Eggers (2015 [2013]) hat in seinem Roman *Circle* herausgearbeitet, wie sich attraktive Optionen zu einem Netz totaler Kontrolle und Macht fügen. Wenn man in allen Gassen und in allen Situationen durch *öffentliche und private Kameras* beobachtet wird, könnten fast alle Verbrechen eliminiert werden – denn man weiß mit Sicherheit, dass man dokumentiert und identifiziert werden kann. Eine zweite (verknüpfte) Option, Sicherheit zurückzugewinnen, ist die *Folgebereitschaft für autoritäre oder totalitäre Führer.* Sie sind nicht den Unwägbarkeiten ausgesetzt, die man im Streit der Parteien und im ›Geschwätz‹ der Parlamente verortet; sie wissen, was zu tun ist; sie kommen aus der ›Substanz‹ des Volkes und wissen, was die Menschen wollen; sie haben Durchsetzungskraft. Man fühlt sich bei ihnen in Sicherheit (was natürlich eine Fehlannahme ist).

Sicherheitsdefizit

Der politische Vernunftglauben eines Jürgen Habermas an die »vielstimmige Öffentlichkeit« wird nicht reichen, um Sicherheit herzustellen. Habermas ist nicht nur »religiös unmusikalisch« (wie er in einer von Max Weber entlehnten Formulierung zugibt) (Habermas & Reemtsma, 2016 [2001]); die Unmusikalität durchzieht, wie Hans-Georg Soeffner sagt, »den gesamten Bereich dessen, was sich der kommunikativen Vernunft des demokratisch aufgeklärten Common Sense nicht anpasst: das Widerständige, Widersprüchliche, Affektiv-Explosive, irreal oder sinnlos Erscheinende, kurz, das Irrationale in seinen für den gesunden Menschenverstand dunklen Motiven und widersinnigen Handlungsformen« (2003, S. 54). Man kann diese Dimensionen nicht ›hinweghoffen‹ (und soll es vielleicht auch nicht).

Protest kann ausarten. Protestbewegungen zeichnen sich dadurch aus, dass moderate Anliegen zwangsläufig übersteigert werden – damit werden oft auch vernünftige Kritiken zu quasi-fundamentalistischen Attacken. Armin Nassehi bringt Beispiele:

> »Die Studentenproteste der 68er steigerten sich irgendwann in eine radikale, unversöhnliche Faschismusdiagnose der Gesellschaft, Alternativbewegungen ab den 1970er-Jahren steigerten sich in die völlige Ablehnung bürgerlicher Lebensstile, die Friedensbewegung imaginierte eine radikale Kriegsgefahr, die bis in die Inszenierung von Angst und Panik reichte. Die Ökologieproteste seit den 1980er-Jahren gingen von der unmittelbar bevorstehenden Zerstörung unserer Lebensgrundlagen aus. Antikapitalistische Proteste der Nullerjahre steigerten sich in eine radikale monokausale Erklärung allen Übels in der kapitalistischen Wirtschaft« (2020, S. 77).

Es sind Übersteigerungs- und Eskalationsprozesse, die eine Radikalisierung bewirken können. Die aktuelle Spätmoderne tendiert zu solchen Prozessen. Man weiß nie, was entgleist.

Eine solche Gewaltbereitschaft kollidiert mit der Wahrnehmung, dass die spätmoderne westliche Gesellschaft zu *Postheroismus* und *Pazifismus* neigt: Ablehnung von Heldentum und Opfermut. Der *komplexe Pazifismus* strebt den Frieden durch Kooperation, gemeinsame Interessenlagen, Verrechtlichung internationaler Beziehungen und Stabilisierung durch internationale Organisationen an. (In diesem Sinne waren die Europäer in den letzten Jahrzehnten allesamt Pazifisten. Russland hat dieses Modell widerlegt.) Der *einfache Pazifismus* begnügt sich mit einem schlichten Zusammenhang: keine Armee, keine Waffen – das sichert den Frieden. *Wenn keiner schießen kann, wird keiner schießen.* Im Verhältnis zu unfriedlichen Mächten, die sich dieser ›Schule‹ nicht beugen möchten, wird der einfache Pazifismus zu einer *Ideologie der Kapitulation.* Wenn man einem militärischen

Angriff nicht militärischen Widerstand leistet, muss man sich unterwerfen. Das verhindert in der Tat Todesopfer. Dass der Angreifer (und ähnlich Disponierte) damit (und für künftige Fälle) signalisiert bekommt, dass es für seine Expansions- und Unterwerfungsgelüste keine Grenzen gibt, sondern diese sich als erfolgreiche Strategien für kostengünstige Erfolge erweisen, wird nicht mehr verstanden. Das gilt laut Gerd Koenen (2023) nicht nur für den »ahnungslosen Pseudopazifismus« von Alice Schwarzer und Sahra Wagenknecht (2023), sondern auch für die »fragwürdigen Insinuationen« von Jürgen Habermas (2022). Für die starken pazifistischen Strömungen der westlichen Länder dürfen Helden bloß noch ›Heldinnen und Helden des Alltags‹ sein, von den Krankenschwestern bis zu den alleinerziehenden Müttern. Allenfalls wird noch mit Kategorien wie zivilem Widerstand und Zivilcourage hantiert, aber nur theoretisch, weil dies im Kriegszustand kaum je etwas bewirkt hat. *Die Geschichte lehrt (unerfreulicherweise), dass ›heroische Gesellschaften‹ gewinnen.*

Wir befinden uns wieder im Zustand der ›Kälte‹, der ›Feindschaft‹ als Essenz des Politischen (Schmitt, 1987 [1932]). Wenn die Konsum- und Entertainmentversorgung nachlässt, könnte die postheroische Gesellschaft in Probleme geraten. Noch schlimmer: Wenn das bislang Undenkbare, erst neuerdings wieder Denkbare eintreten sollte, dass tatsächlich ein militärischer Anlass klassische Verteidigungsfähigkeit erfordern würde, ginge es mit der postheroischen Gesellschaft rasch zu Ende. Ein Argument kommt dazu: Die geringe Kinderzahl in der westlichen Welt reduziert die *Kriegstüchtigkeit* der Systeme weiter; Kinder werden (bevölkerungsökonomisch bzw. familienpsychologisch) so wertvoll, dass man keines verlieren möchte.

Die Pazifisten sind zugleich manchmal ›Lehnstuhlkrieger‹. Denn ein neues Format von Hetzjagden hat sich etabliert: *Der Mob ist zurückgekehrt.* Staaten sind in westlichen Ländern als Verfolgungsbehörden weitgehend harmlos geworden, Kirchen spielen ohnehin keine Rolle. Aber der Mob, der sich gar nicht mehr organisieren oder versammeln muss, sondern der durch die elektronische Welt virtuelle Versammlungsmöglichkeiten gewonnen hat, wird zur Gefahr. Es gibt die Ebene der trivialen Shitstorms, die auch die ›Leute‹ (Vobruba, 2019) treffen, das allgemeine Publikum. Innerhalb der Elite (mit Ausschweifungen darüber hinaus) gibt es dasselbe Phänomen als *Wokismus.* Es tritt oft in wissenschaftlicher Verkleidung und mit moralischer Emphase auf. Es gibt nämlich auch die *quasi-intellektuellen Mobs*, die im ›Suchverhalten‹ durch die Gegend schweifen, so wie seinerzeit die stalinistischen und nazistischen ›Blockwarte‹, und die Exempel statuieren wollen, so wie seinerzeit der Ku-Klux-Klan (Applebaum, 2021, S. 17). Man ist, in einer vorgeblich liberaldemokratischen, meinungsfreien Gesellschaft, in eine Phase eingetreten, in der es sich empfiehlt, sich zuweilen auf die Zunge zu beißen.

Sicherheitsbalance

Es sind viele Sicherheiten, die mittlerweile fragwürdig geworden sind, bis hin zur Vermutung einer ›neuen Anomie‹.

> »Angesichts der Korrosionsprozesse in den reichen Areas der Welt hat sich inzwischen schon eingebürgert, von einer ›neuen Anomie‹ zu sprechen. In solchen Beschreibungen der Gesellschaft wird unterstellt, daß es vermehrte Unordnung, kleine en-

> tropische Diffusionszunahmen und Kontrollverluste gebe und daß dies charakteristisch für die neuesten Entwicklungszustände der Moderne sei. Den relativ reichen Gesellschaften stellen sich die Bedrohungen ähnlich dar, wie sie von den durch Wohlstand abgeschirmten Bewohnern der privilegierten Quartiere am Rande der Großstädte wahrgenommen werden: Gewalt sickert ein, macht die Verkehrsmittel, den öffentlichen Raum unsicher, es gibt ›Übergriffe‹ schon durch die ästhetisch verletzenden Bilder der Armut, aber auch ein Vordringen der Habgier und offenen Aggressivität. All das versucht man durch Wegsehen zu bannen, ohne daß dies noch gelingen wollte« (Rehberg, 2014, S. 125).

Auch in den Sozialwissenschaften bestehe die Neigung, wegzusehen, so als ob sich die Bedrohungen dadurch auflösten. »Aber eine sorgfältige, von Panikgerede nicht vernebelte Wahrnehmung wird nicht übersehen können, daß das Konfliktklima sich auch in vielen europäischen Städten verschärft hat, nicht nur in den deutlicheren Zuspitzungen der amerikanischen Metropolen« (ebd., S. 126).

Die Bevölkerung hat ein *Sicherheitsbedürfnis*, aber Politik und Medien haben es nicht nur ignoriert, sondern zu diskreditieren versucht. Wer Migration und Sicherheit miteinander verknüpfte, wurde (wie schon erwähnt) als Rassist, Islamophober, Kolonialist und Imperialist diskreditiert. Diese mit allen Mitteln arbeitende progressistische Immunisierungsbrigade hat den Rechtsautoritären ein immer größeres Terrain verschafft. *Letztere waren die Einzigen, die das Problem benannt haben*, manchmal auf unziemliche und unanständige Weise; aber dort hat die Mehrheit der Bevölkerung für ihr Anliegen Bestärkung und Resonanz gefunden. So sind diese Parteien gewachsen.

Gewalt muss in ihrer Besonderheit begriffen werden, denn nur dann kann sich die soziale Ordnung daran bewähren, für eine bestmögliche Abwehr von Gewalt vorzusorgen.

> »Ächtung, Bestrafung und Ausgrenzung von Gewalt zeigen, dass Gewalt ein zwar irritierendes, nichtsdestoweniger aber wesentliches Element sozialer Ordnung darstellt: Durch – und gegen – sie entstehen soziale Regelwerke, und sie ist der dauernde Bewährungstest für Fähigkeit und den Willen einer Gesellschaft, die eigene Ordnung zu begründen und zu verteidigen« (Soeffner, 2003, S. 66).

Der Anlass des unerwarteten Ukraine-Krieges hat eine undenkbare Situation erlebbar gemacht. Das westliche Weltbild ist dabei aus verschiedenen Gründen in Verwirrung geraten, einer dieser Gründe war, dass man das verachtete Heldentum im Falle der ukrainischen Verteidiger plötzlich imponierend fand – und tatsächlich den dubiosen Begriff des ›Helden‹ und des ›heroischen‹ Widerstands wieder in den Sprachgebrauch einführte. Für den Westen werde ›heroische Drecksarbeit‹ geleistet (Bolte, 2023). Aber die mitteleuropäische Population findet es ›beruhigend‹, dass es sich nur um entfernte Helden und Heldinnen handelt. Dann muss man selber nur insoweit ›Held‹ sein, als man eine Solidaritätserklärung im Internet anklickt. Ukraine und Israel sind immer noch ferne Kriege, und das Wissen, dass es um die eigene Sache geht, ist im Kollektivbewusstsein nicht angekommen. Deshalb ist es unsicher, ob man in Europa wenigstens ein mittleres, ›normales‹ Sicherheitsniveau erreichen kann.

Verlorenheitssteigerung, Unausweichlichkeit und Fragilitätskompetenz

Damit sind fünf langsam wachsende und nunmehr sich beschleunigende Bedürfnisbeeinträchtigungsbereiche skizziert: die Durcheinander-Welt (Orientierung, Komplexität), der zerrissene Baldachin (Werte), die Entbettungsgefühle (Gemeinschaft), die Wirtschaftsfragilitäten (Wohlstand) und die Gewaltbesorgnisse (Sicherheit). Aus der erlebten Erosion dieser Bedürfniscluster ergibt sich ein *Stressverhältnis* zur Welt, die als nicht mehr ›normal‹ empfunden wird. »Wir leben in einem Zeitalter, in dem das Ordnen schwer und das Stören leichtfällt« (Rudolph, 2023, S. 43). Seit der Jahreswende 2023/2024 ist das Gefühl der *Entnormalisierung* vielfach mit entsprechenden Begriffen etikettiert worden: *Zeitenwende, Wendezeiten.* UNO-Generalsekretär Guterres greift auf Hamlet zurück: »Die Welt gerät aus den Fugen.«[1] George Soros signalisiert in einem Interview: »Die offene Gesellschaft in einer Welt aus den Fugen.«[2] Das *Hamburger Abendblatt* titelt: »Die neue Weltunordnung – ein Scherbenhaufen.«[3]

---

1 Siehe https://orf.at/stories/3331738/

2 Siehe https://www.derstandard.at/story/2000143639438/die-offene-gesellschaft-in-einer-welt-aus-den-fugen

3 Siehe https://www.abendblatt.de/hamburg/article239796775/Die-neue-Weltunordnung-ein-Scherbenhaufen.html

Die *Frankfurter Allgemeine Zeitung* konstatiert: »Nicht mehr normal.«[4] Das Verhältnis von Individuum und Welt ist irritiert. Anomien auf allen Seiten. Der Großteil des Lebens wird in der *Selbstverständlichkeit* geführt, im Zustand der Nicht-Hinterfragung, im Faktizitätsglauben (Schütz & Luckmann, 2003 [1975–1979]), in der *Normalität*: Die Dinge sind, wie sie sind (jeweils in subjektiver Färbung, aber in hinreichender Reziprozität zwischen Individuen, sodass man interagieren und gemeinsam handeln kann). Irritationen dieser Normalität brauchen Reflexion und Entscheidung, deshalb müssen sie *wohldosiert* sein: Zu wenig Irritation ist Lähmung. Zu viel Irritation überlastet – und erzeugt Verlorenheit.

Die Verlorenheit in den essenziellen Bedürfnisclustern wird regelmäßig gespeist von Krisenerfahrungen, die oft in mehrere Cluster hineinwirken. Die *Verdrossenheitspotenziale* werden durch immer neue Erfahrungen am Köcheln gehalten. Migration ist die wichtigste ›Querschnittsmaterie‹. Sie wirkt in alle Bedürfniscluster hinein: Man kennt sich nicht mehr aus. Werte kollidieren. Gemeinschaft wird schwierig. Wohlstand und Sicherheit erscheinen gefährdet.

Die Verlorenheit in den essenziellen Bedürfnisclustern bekommt Impulse aus der Beschleunigung aller Lebensbereiche, gerade aus den letzten Jahrzehnten. Beschleunigung steigert Verwirrung. Alles ist schneller geworden: Tempo-Virus, Beschleunigungsfalle (Backhaus & Bonus, 1998; Borscheid, 2004); Paul Virilio (1980 [1977]) entwirft eine Dromologie; Manfred Osten (2004) hat im Rekurs auf Goethe von

4 Siehe https://www.faz.net/aktuell/wirtschaft/was-tun-wenn-die-zeit-aus-den-fugen-ist-18437621.html

einer ›veloziferischen‹ Epoche gesprochen; Hermann Lübbe (1992), Harald Weinrich (2008), Günter Dux (1989), Norbert Elias (1990 [1984]), Armin Nassehi (2008) und natürlich Hartmut Rosa (2006) haben die Beschleunigung des Lebens umfassend bearbeitet. Man fährt und reist schneller, mailt, isst und spricht schneller, produziert und kauft schneller. Man verdichtet die Zeit: durch Fast Food und Multitasking. Die Gegenwart schrumpft. Neuerungsverarbeitungskapazitäten sind überfordert. In der ›geschwinden Gesellschaft‹ gibt es kürzere Info-Happen, visualisiertes Wissen, aber auch mehr flüchtiges, unüberprüfbares, zufälliges und falsches Wissen. Es wird (in flüchtiger Weise) alles bekannt und (durch Flüchtigkeit) gleichzeitig fremd. Das gilt selbst für die eigene Person (Sennett, 1998).

Die Verlorenheit in den essenziellen Bedürfnisclustern steigert sich durch die rasant vollzogene Transformation aller Kommunikationsverhältnisse. Kommunikativierung ist Hauptquelle aller Fehleinschätzungen, Desinformationen, Verrücktheiten. Sie ist der Apparat für Eskalation, Emotionalisierung und Polarisierung. Das *Age of Communication* (Lull, 2001), der *communicative turn* (Schützeichel, 2015) und die *kommunikative Konstruktion der Wirklichkeit* (Knoblauch, 2016) bedeuten: Kommunikativierung schafft neue Wahrnehmungen, neue Erfahrungen, neue Menschen, neue Praktiken und neue Sozietäten. Es entwickelt sich eine »Derealisierung der Kommunikation. Harte Materialien werden verlassen und die Kommunikation wird immer mehr ein Spiel von Licht und tönenden Schatten« (Mongardini, 2003, S. 440). Es gibt Informationsperlen und Informationsmüll, aber der Müll wächst schneller. Die Internet-Plattformen haben eine

›Lautsprecher-Funktion‹. Soziale Medien sind wirksame Aufheizungsgeräte, Zusammenrottungsplattformen, Extremismuspropagandisten und Emotionsfabriken. Es entwickelt sich ein kompetitiver Aufmerksamkeits- und Identitätsmarkt mit hochemotionalisierten Angeboten, auf dem (durch die systemeigene Logik) Verstärkungs-, Eskalations- und Radikalisierungseffekte auftreten. Radikalismus wird belohnt. Das Netz fördert Postfaktizismus (Hendricks & Vestergaard, 2018; Neiman, 2017); es braucht keine Wahrheitskriterien, es genügt *Gefühlsechtheit* (Bolz, 2021). Netzkommunikation ist das »irrationale Wüten eines digitalen Pöbels [...], der das Internet als Ort des kollektiven Ressentiments missbrauche, ja seinen Leidenschaften und sogar seinem ungehemmten Hass dort freien Lauf lasse« (Barth & Wagner, 2019, S. 215). Es gibt zudem eine asymmetrische Lautstärke: Das Anomische und Anomale ist lauter. Das verzerrt die Eindrücke. Durch die Verlagerung der Kommunikation auf die Bildschirme schwindet das Verlässlichkeitsgefühl (Reichertz, 2010). Wenn die handgreifliche *One-to-one*-Kommunikation deutlich abnimmt, ist die Epoche der Schaumschläger, Rosstäuscher und Hochstapler angebrochen. Das Internet ist verlorenheitsfreundlich.

Die Verlorenheit in den essenziellen Bedürfnisclustern beeinträchtigt die Funktionsfähigkeit des Systems. Es ist also nicht nur eine Sache in den Köpfen, nicht nur Idiosynkrasie, nicht nur Wehleidigkeit trotz einer befriedigenden Lebensumgebung. Verlorenheit hat es nicht nur mit ein paar Flausen in den Köpfen zu tun, angesichts derer man den Menschen zurufen könnte, dass sie sich am Riemen reißen mögen. Es werden Funktionsressourcen beeinträchtigt.

Es sind abschließende Fragen zu klären. Zunächst ist zu begründen, warum die Verlorenheit nicht in stille Resignation mündet; vielmehr erzeugt sie ein Befinden, welches Grundlage ist für Ressentiment, für Aggressivität und Wut, für Polarisierung und Bösartigkeit (These 5). Daraus erwächst die nächste Erklärungsnotwendigkeit: Warum erwachsen aus der Verlorenheit in vielen Ländern der westlichen Welt Illiberalismus und Autoritarismus, die auf Sicht Bedenken über die Haltbarkeit einer liberaldemokratischen Ordnung aufkommen lassen (These 6). Resümierend landen wir bei der Unausweichlichkeit der Fragilisierung und der Notwendigkeit von Fragilitätskompetenz für die Menschen (Thesen 7 und 8).

These 5: Der ›Pool‹ des Ressentiments

> Die Verlorenheit im Leben erzeugt nicht nur Unbehagen, sondern Ressentiment, Aggressivität, Wut, Gehässigkeit, Bosheit und Polarität. Verlorenheit ist eine Befindlichkeit, die besonders stark auf (wirkliche oder vermeintliche) Ungerechtigkeit, Schlechtbehandlung oder Demütigung reagiert. Unrealistische Einschätzungen lassen solche Benachteiligungen überall vermuten.

Zwei Referenzen sind zur Behandlung der Ressentiment-Frage lehrreich: Russell Hochschild und Scheler. Erstere bietet nicht nur eine Phänomenologie der Menschen im amerikanischen Süden, die ihren ›amerikanischen Traum‹ längst begraben mussten, die frustriert und ›abgehängt‹ sind, die Politik und Staat hassen und für jeden Autoritarismus offen sind – die sich, so der Buchtitel, als *Fremde im eigenen Land* fühlen (Russell Hochschild, 2017 [2016]). Eine ähnliche Beschreibung finden wir in der *Hillbilly-Elegie* von J. D. Vance (2017 [2016]), empirische Grundlagen für Europa in etwas anderer Weise bei Klaus Dörre (2023). Aber Russell Hochschild bietet eine aufschlussreiche metaphorische Erzählung, die ich gekürzt und modifiziert wiedergebe.

> Du stehst in einer langen Reihe von Menschen, geduldig und müde; etwa in der Mitte dieser Reihe, zusammen mit anderen Menschen, die ungefähr deinesgleichen sind. An der Spitze des Hügels finden sich manche Attraktivitäten: mehr Einkommen, Erfolg, mehr Güter, ein höherer Lebensstandard, als ihn deine Eltern genossen haben. Dort wollen alle hin. Nach einiger Zeit stellst du fest, dass sich die Schlange nicht mehr, so wie bisher, vorwärtsbewegt; ja es könnte sonderbarerweise sein, dass sie sich ein wenig zurückbewegt. Du selbst hast schon einiges durchgestanden, mit Anstand, mit harter Arbeit, Zähne zusammengebissen. Aber jetzt merkst du etwas Eigenartiges. Einige Leute bewegen sich aus der Schlange hinter dir heraus, sie gehen nach vorne, reihen sich vorne ein – und du selbst rutschst weiter zurück. Wie kann das sein? Du hältst dich an die Spielregeln, sie tun das nicht. Migranten, karrierebewusste Frauen, Homosexuelle. Ein paar Youngsters reihen sich vorne ein, die sich zwar offenkundig nicht auskennen, aber aufgrund ihrer Großspurigkeit spontanen Beifall von den Ordnungskräften erhalten. Nach einiger Zeit sagst du: Was soll das? Das ist nicht einsehbar. Warum soll ich benachteiligt werden? Ich rutsche zurück, obwohl ich mich

> an die Regeln gehalten habe. Die anderen, die sich nicht an die Regeln halten, ziehen davon. Jetzt wird auch noch unfreiwillig abkassiert, als Spende für jene, die sich vordrängen. Deine Frau stößt dich in die Seite: Du kannst dich nicht durchsetzen. Du bist ein Versager. Also gehst du zu den Aufsehern. Sie wollen aber deine Beschwerde nicht hören. Sie sagen dir bloß, dass du die Sache falsch siehst. Dass du den Mund halten sollst. Dass du ein feindseliger Mensch bist. Ein Faschist. Wer beaufsichtigt denn die Warteschlange? Da sind Politiker, Bürokraten, Schriftsteller, Künstler, die den Vordränglern helfen, dir aber nicht. Die stecken alle unter einer Decke. Sie sagen, es gebe eine neue ›Wartekultur‹, und da fällst du zurück, als alter weißer Mann mit den Werten von gestern. Und von allen, den Eindringlingen und den Aufsehern, hörst du auch noch Beschimpfungen: Faschist! *White trash*! Rassist! Homophober! Sexist! Was soll das? Du bist das nicht. Du warst immer freundlich. Hast geholfen. Du erkennst dich in solchen Zuordnungen nicht wieder. Du bist ein Fremder in deinem eigenen Land. Du bist von allen verlassen. Sie haben dich hineingelegt. Betrogen. Sie verhöhnen dich.

So entsteht Ressentiment. Die Welt wird unverständlich. Werte sind unklar, jedenfalls werden *deine* Werte verhöhnt. Keine Gemeinschaft. Deine Rechte gefährdet. Wohlstand und Sicherheit fraglich. Die Elite ist auf der Seite der anderen. In der Folge gehen manche Menschen auf die andere Seite des Hügels und machen ihre eigene Warteschlange auf – mit jenen, die ihnen zuhören. Mit autoritären Aufsehern, die gehörige Ordnung schaffen. Und mit einem gelborange-haarigen Politiker.

Das Modell Max Schelers ist die zweite Referenz. Am Beginn unserer Betrachtungen wurde darauf bereits Bezug genommen. Ressentiment entsteht nach Schelers Meinung, wenn der Anspruch auf Gleichheit zwischen den Menschen besteht, aber dieser Anspruch faktisch mit mannigfacher Ungleichheit kollidiert.

> »Die äußerste Ladung von Ressentiment muß demnach eine solche Gesellschaft besitzen, in der, wie in der unsrigen, ungefähr gleiche politische und sonstige Rechte resp. öffentlich anerkannte, formale soziale Gleichberechtigung mit sehr großen Differenzen der faktischen Macht, des faktischen Besitzes und der faktischen Bildung Hand in Hand gehen: In der jeder das ›Recht‹ hat, sich mit jedem zu vergleichen, und sich doch ›faktisch nicht vergleichen kann‹« (Scheler, 2017 [1912], S. 9).

Nun besteht eine ganz andere, ›entwickeltere‹ Gleichheitssituation als im Jahre 1912, als Scheler schrieb. Doch es handelt sich nicht um eine Ungleichheit, die sich durch ein wenig Umverteilung oder Eingriffe des Sozialstaats beseitigen ließe. Denn zum einen erzeugt zunehmende Gleichheit mehr Sensibilität für verbleibende Ungleichheiten. Zum zweiten erfolgt der persönliche Vergleich nicht mehr – wie in klassischen soziologischen Arbeiten dargelegt – mit den Peers, den Nachbarn, den Angehörigen desselben Milieus, ja nicht einmal mit den ›besseren Stadtvierteln‹, sondern mit jenen, die man tagtäglich (auf den Screens) trifft, mit den Erfolgsfiguren aus den Medien, mit reich gewordenen Influencerinnen, mit

Weltfußballern und Jachtbesitzern, mit Propagandafiguren aus der Startup-Welt. Da bleibt man immer unendlich weit zurück. Zum dritten wurde die eigene Person vielfach mit permanenten Belobigungen sozialisiert, deshalb meinen viele, dass sie in die ›oberste Gruppe‹ gehören. Dann führt jeder Vergleich zur Enttäuschung, weit dramatischer als zu Schelers Zeiten (wo der Vergleich vielleicht ein wenig realitätsnäher stattgefunden hat). Dann scheint die Welt zutiefst ungerecht. Selbstüberschätzung kollidiert mit Mittelmaßerfahrung. Zum vierten wird nicht wahrgenommen, dass sich die eigenen Ansprüche erhöht haben; daraus entsteht der Eindruck, dass die Welt immer schlechter und ungerechter wird. Wie auch immer die reale Situation sich darstellt: Der Egalisierungsbedarf steigt rascher.

Wenn der vage Verdacht aufdämmert, dass man als Person vielleicht doch nur zum Durchschnitt gehört – und dies in einer identitätsfokussierten Gesellschaft –, dann schaut man anders auf die anderen: Der intensivste Neid, sagt Scheler, ist der *Existenzialneid*. Es ist der Neid auf die Person des anderen: *Alles kann ich dir verzeihen; nur nicht, dass du bist und das Wesen bist, das du bist; nur nicht, dass nicht ich bin, was du bist; ja dass ich nicht du bin* (ebd., S. 13). Ein solches ›Vergleichsleiden‹ kann man sich beim Blick auf Stars und Models gut vorstellen.

Ein sozialstrukturelles Element kommt hinzu: Untere Sozialschichten haben sich darüber gefreut, dass es immer noch Personen gab, auf die man (im Sinne einer ›Unterschichtung‹) hinunterschauen konnte: Gastarbeiter, Homosexuelle oder Schwarze. Die Unteren waren selbst nicht ganz unten. Das hat sich, Hochschilds Beschreibung zufolge, geändert.

Das Gefühl, tatsächlich ganz unten zu sein, ist nicht schön. Vor allem, wenn Leistungsunwillige mit Bluff vorziehen.

Max Scheler fügt eine zweite Bedingung der Ressentimentbildung hinzu: das *Gefühl der Ohnmacht*. Dann werden nicht gezielte Handlungen gesetzt (wie beim Hass), es herrschen Gefühle von Schwäche, Furcht und Angst. Diese Ohnmacht kann nicht durch ›Demokratisierung‹ beseitigt werden; weder die Protestierenden noch die ›Herrschenden‹ wissen, was sie tun sollen; es ist vielmehr die Ohnmacht der umfassenden Hilflosigkeit. Was für unser Problem interessant ist: Eine besondere Wirksamkeit des Ressentiments soll vorliegen, wenn sich die Gefühle ›verselbstständigen‹, wenn der betreffende Mensch selbst gar nicht mehr angeben kann, *wozu er ohnmächtig ist oder wovor er sich fürchtet und ängstigt*. Das trifft sich mit dem Argument der umfassenden Verlorenheit: Man kennt sich nicht aus; weiß nicht, was gilt; fühlt sich alleingelassen; ängstigt sich um Besitz und Leben. Daraus erwächst keine Handlungsstrategie. Man wird ganz einfach gebeutelt. Man ›verkrampft‹. Es fließen deshalb zahlreiche Impulse aus Erfahrungen von Ungerechtigkeit und Respektlosigkeit, aus mangelnder Wertung und Würdigung, aus dem Gefühl der Hilflosigkeit und Ortlosigkeit in einen großen ›Pool‹ des Ressentiments.

Max Scheler hat noch eine dritte Beobachtung, die sich in das Modell der Verlorenheit fügt. Ressentiment will dem Übel nicht abhelfen, es handelt sich vielmehr um einen Vorwand, seine *Kritik* auszuleben. Der Einzelne ist zwar in seiner Verdrossenheit gefangen, aber zugleich braucht er das Übel, gegen das er anrennt. Denn die eigentliche Befriedigung erzielt man aus dem Hochgefühl der grundsätzlichen Opposition. Das passt zum verbreiteten Phänomen des *Kontrari-*

anismus: Er ist nicht Nonkonformismus, sondern stellt das Bedürfnis nach Dagegensein dar. Die Botschaft ist: gegen die Mehrheitsmeinung, das Gegenteil behaupten; das verschafft das Image des Rebellischen, des besseren Underdogs. Besonderer Vorteil: Man kann das Gefühl der Überlegenheit (›selbst denken‹) mit dem Gefühl des Opfers (das Respekt und Hilfe fordert) verbinden. Dem Gedanken, dass diese These anwendbar wäre, kann man sich kaum verschließen, wenn dieselben protestierenden Gruppen sich zuerst beim Klimathema, dann bei der Anti-Israel-Veranstaltung und sodann bei der Anti-AfD-Demonstration finden. *Der Protest ist das Ziel.* Und im nächsten Jahr wird sich schon auch noch ein Thema finden.

These 6: Der Drang zur Illiberalisierung

Verlorenheit gebiert Autoritarismus. Quer durch die westliche Welt gewinnen autokratische Bewegungen, Parteien und Personen an Resonanz. Es gibt keine Garantie für den Fortbestand der Epoche liberaldemokratischer Systeme.

Autoritäre Bewegungen und Parteien entstehen und gedeihen in dieser Lage quer durch Europa (und darüber hinaus).

> »Liberale Demokratien sind heute sowohl durch rechten Populismus als auch durch linken Aktivismus einem Streßtest ausgesetzt, und zwar gerade nicht, weil sie eine Gefahr für die Demokratie sind, sondern weil sie die liberale Kultur, in welcher die westlichen Demokratien eingebettet sind, aushöhlen und untergraben« (Lehmann, 2021, S. 25).

Populismus ist ein schwieriger Begriff, trotz aller Klärungsversuche. Wenn es um Volk, Elitenkritik und Einfachbotschaften geht, gibt es Varianten von Links-, Rechts- und Mitte-Populismus. Wenn man den Begriff daran festmachen will, dass den Leuten ›nach dem Maul‹ geredet wird, wie undifferenziert auch immer, gibt es erst recht viele Spielarten. Meist wird der Begriff auf diverse ›rechte‹ Lager angewendet, die stärker im Aufwind sind, es empfiehlt sich dann eine direktere Benennung: als *Rechtsautoritäre.* Wesentliche Kennzeichen sind die folgenden:

1. *Vereinfachung* von Themen, Problemen, Situationen, bis hin zur Lüge. Distanz zu Wahrheit, Fakten, Empirie, Wissen. Berufung auf ein höheres Wissen, das ansonsten in der Öffentlichkeit verschwiegen oder dementiert wird.
2. *Volk:* Berufung auf das (homogene) Volk, das einen ›wahren Willen‹ besitzt; der Führer der Bewegung ist die Inkarnation dieses Willens, weil er eine besondere innere Beziehung zum Volk besitzt. Das Volk muss in seiner ›Einheit‹ beschützt werden, insbesondere gegen Andersartigkeit (Migration, Kosmopolitismus). Das Undemokratische verbirgt sich im Hyperdemokratischen.
3. *Elite:* Dem Volk steht die ›Elite‹ gegenüber, die von Herrschsucht, Überheblichkeit und Lebensferne geprägt ist und vom ›echten‹ Volk (gut) lebt. Es ist das Netzwerk von Politikern, Kapitalisten, Medien, Wissenschaft, Justiz, Hochbürokratie, Kunst- und Kulturbetrieb, von dem ›normale Menschen‹ verachtet werden: das ›System‹.

»Die Leitdifferenz, an welcher sich eine populistische Bewegung formiert, ist die Unterscheidung zwischen einer korrupten Elite und dem Volk, dessen Interessen in der Gesellschaft vertreten und gegen diese Elite durchgesetzt werden sollen. Aufgrund der formalen Einfachheit dieser konstitutiven Unterscheidung besitzt der Populismus nur eine schwache Ideologie und kann mit ganz unterschiedlichen politischen Programmen kombiniert werden, also zum Beispiel eine nationalistische, kommunistische oder ökologische Ausprägung annehmen« (ebd.).

4. *Feinde:* Die eigene Position wird von zahlreichen Feinden, Agenten und Saboteuren bekämpft und unterhöhlt; das sind die Eliten ›von oben‹, aber auch die Abzocker ›von unten‹ – in erster Linie Migranten, aber auch Arbeitslose und andere Transfergeldempfänger.

   »Je schwächer der gesunde Menschenverstand, desto stärker die Gesinnung. Und wo Gefühle statt Argumente die Debatten bestimmen, kommt es ganz unvermeidlich zur Verteufelung der Andersdenkenden. Sachfragen geraten in den Sog moralistischer Polemik […]. Im Extremfall, der leider immer häufiger eintritt, sieht der politische Moralist im politischen Gegner einen Unmenschen. So wird die Exkommunikation wieder aktuell – als sozialer Boykott« (Bolz, 2021, S. 16f.).

5. *Durchsetzung:* Die Bindung an liberaldemokratische und rechtsstaatliche Grundsätze ist lose, man hat schließlich ›überlebenswichtige‹ und ›gerechte‹ Anliegen, die durch Formalitäten nicht behindert und durch Kompromisse nicht verwässert werden dürfen.
6. *Stil der Auseinandersetzung:* häufig eine polemische, bösartige, oft hetzerische Tonart; Beschuldigungen, Unterstellun-

gen, Unwahrheiten; Immunisierung der eigenen Position. Ein beschränktes argumentatives Repertoire: Jede Kritik am Eigenen, auch jede rechtliche Maßnahme ist ›Hexenjagd‹.

Rechtspopulisten scheinen derzeit die Nase vorne zu haben, Linkspopulisten gibt es aber auch: Syriza, Podemos, Fünf-Sterne-Bewegung. Rechtsautoritäre formieren sich als Parteien und Bewegungen, die linken Progressisten haben den Vorteil, weitgehend Medien, Bildungseinrichtungen, den Kunst- und Kulturbereich zu durchwirken. Beide tendieren immer stärker dazu, ihre *Ziele von absoluter Dringlichkeit* auch durch Verletzung der Freiheitsrechte von Individuen durchzusetzen. Die Verletzung von Freiheitsrechten bekümmert ›verlorene Menschen‹ wenig. Historisches Vokabular wird wiederbelebt. Denn die genannten populistischen Charakteristika helfen den bedürfnisbekümmerten Menschen in allen fünf Bereichen, bei Orientierung, Werten, Gemeinschaft, Wohlstand und Sicherheit.

Die naive Hoffnung, dass ein *Miteinanderreden* alle Probleme löst, ist verbreitet. Man nennt diese Hoffnung etwa ›deliberative Demokratie‹. Pierre Rosanvallon blickt ein paar Jahrzehnte zurück, auf Begriffe wie *rationale Diskussion*, *argumentativer Austausch* oder *Bürgerforen*: »Von Jürgen Habermas bis Bernard Manin und von Joshua Cohen bis Jon Elster bemühten sich zahlreiche Theoretiker darum, in diesem Sinne ein stärker prozedurales Verständnis von Demokratie zu formulieren, das um die Vorstellung eines deliberierenden Volkes kreiste« (2018, S. 269). Doch man hat den Wunsch für die Wirklichkeit genommen: *Reden kann zusammenführen oder auseinandertreiben.* Es hat sich (in empirischen Experimenten) herausgestellt, dass sich das Miteinanderreden in die falsche, spalterische, feindselige Richtung entwickeln kann. Oft polarisieren sich in der Diskussion die Meinungen immer mehr, wenn es bereits unterschiedliche Ausgangspunkte gegeben hat (Zuber, Crott & Werner, 1992). Cass Sunstein (2020 [2019]) hat die Erkenntnisse in seinem Buch über das *Lemming-Prinzip* referiert. Zum anderen zeigt sich, dass man die Ungleichheit der Kompetenzen, über die verschiedene Gruppen in der Diskussion verfügen, nicht unterschätzen darf (Sanders, 1997) – eine solche Diskussion ist niemals ›herrschaftsfrei‹. Für Rosanvallon wandeln sich die Auseinandersetzungsdemokratien zu *Beschuldigungsdemokratien* (Rosanvallon, 2018 [2006], S. 21). In einer Beschuldigungskonstellation geht es oft um ein lustvolles Spektakel, um einen befreienden Zynismus, um Unsittlichkeit als Normdurchbrechung. Bei Trumpoiden und Repräsentanten ähnlicher Genres hat das Gejohle und Sich-Aufblasen des Stammtisches seinen Weg in das politische Establishment gefunden.

Die liberal-rechtsstaatliche Demokratie könnte nicht mehr als eine glückliche Phase gewesen sein. Schließlich sind die Demokratien noch nicht sehr ›alt‹, und die Mehrzahl der Staaten auf der Welt erfüllt die Kriterien eines wohlgeordneten demokratischen Systems nicht. Mit dem Niedergang der Demokratie wäre der ›Westen‹ (in seiner spezifisch freiheitlichen Gedanken- und Lebenswelt) ebenfalls ein dahinschwindendes Phänomen.

These 7: Die Unausweichlichkeit der Fragilisierung

Das Lebensgefühl, demzufolge alles fragil geworden sei, lässt sich theoretisch und empirisch erhärten. Die ›dicht‹ ge-

schlossene Gesellschaft ist eine Unmöglichkeit. Die beliebig offene Gesellschaft ist ebenfalls eine Unmöglichkeit. Es ist überlebensnotwendig, sich mit beidem, mit Normalität und Fragilität, zu versöhnen.

Eigentlich tendieren alle vorgebrachten Argumente in Richtung auf Fragilität, als »Gefühl des Verlustes des Realitätssinns, der Nacktheit des Lebens, des Mangels an Sicherheiten, der Explosion von Gewalt« (Mongardini, 2003, S. 454), als Verschiebung *von der Normalität zur Irritation, von der Festgefügtheit zur Fragilität.* Der Prozess der Fragilisierung ist nicht harmlos, und die letzten Jahrzehnte haben ihm eine ungeahnte ›Wucht‹ verliehen. Immer mehr ist irritierend, immer weniger kann als selbstverständliches ›Faktum‹ betrachtet werden.

> »Die freigesetzte Moderne besteht so aus einer unversöhnbaren und paradoxen Verschiedenartigkeit von kulturellen Bewegungen, sie ist sowohl Aufklärung und Rationalisierung wie romantische Ironie und die Entdeckung des Unsagbaren, sie ist radikale Dekonstruktion ebenso wie Suche nach neuen Gewissheiten und Fundamenten« (Giesen, 2011, S. 311).

Peter Felixberger beschreibt das Durcheinander:

> »Der deutsche Bahnangestellte will einfach nur mehr Geld, mehr Urlaub und seine Ruhe. Der Rechtsradikale verrührt sein So-sein mit Elitenkritik (›die da oben, wir da unten‹) sowie einer Prise Staats- und Demokratiefeindlichkeit und einem Spritzer Einfach-gegen-alles-sein. Der französische Postmigrant pflegt eine grundsätzliche Staatsfeindlichkeit

im Ghetto der Alleingelassenen und stößt das Tor zur Anarchie auf, wenn der Staat toxisch gewalttätig wird. Auf der Heizungsdemo kollaborieren Spitzenpolitiker mit Spitzenidioten und reklamieren die letzte Wahrheit im Untergangsbingo für sich. AfD-Wähler können als Brüder und Schwestern dem Geiste ihrer menschenverachtenden Fremdenfeindlichkeit frönen und vom großen Aufstand, zumindest von gramsciesken Tumulten träumen. Weltuntergang ist sowieso immer, wie asphaltklebende Klimaaktivisten gerade dem Rest der Welt nimmermüde zurufen« (2023, S. 140).

Man kann in Anbetracht des Durcheinanders darüber meditieren, ob die spätmoderne westliche Gesellschaft die *Bedingungen ihres eigenen Fortbestandes* noch ergründen will oder ob sie durch *multifaktorielle Einflüsse* in einer Weise unter Stress gesetzt wird, dass ihre *Wahrnehmungs-, Verarbeitungs- und Bewältigungsfähigkeiten tendenziell überfordert sind.* Man könnte mit dieser oder jener Krise fertigwerden; aber man erstickt langsam an der Vielzahl der Stressfaktoren und Infektionen. In der Medizin würde man von einem *Multiorganversagen* sprechen, als Ergebnis einer entsprechenden ›Überlastung‹ des Organismus; oder man könnte metaphorisch ein (Quasi-Spengler'sches) Modell von der systemischen ›Altersschwäche‹ einer bestimmten Kultur ins Spiel bringen. Was hört man an *Krisenbewältigungsvorschlägen?* Ein paar unbrauchbare Vorschläge kehren immer wieder.

Die beliebteste Kategorie ist die *Systemveränderung*. Seinerzeit konnte man noch an den sozialistischen Systemumbau glauben: eine *neue* Gesellschaft, in der *neue* Menschen in *neuer* Sozialität auf *neue* Weise handeln, letztlich eine säkularisierte Paradiesvorstellung. Heute trifft man verschiedentlich auf (meist ökologisch, weniger oft politisch begründete) Forderungen nach einem Systemumbau, bei dem aber nicht mehr angegeben werden kann, wie eine solche Transformation vonstatten geht, was Strategien und Ziele sind, welche wirtschaftliche und soziale Ordnung am Ende vorhanden sein soll. *›System ändern‹ ist in Wahrheit die Chiffre für Ratlosigkeit.* Nach dem Abflauen der Marxismus-Epidemie der 1960er und 1970er Jahre war ein wenig Pause; dann sprach man in den 1990ern von der ›Systemtransformation der Ostländer‹; neuerdings wird die ›System‹-Diktion von den Rechtsautoritären übernommen: Das ›System‹ ist schuld. Die ›Systemparteien‹. Die ›Systempresse‹. Gemeint ist: alles, was man nicht mag (oder was sich als Sündenbock eignet). ›Systemänderung‹ im Sinne solcher Forderungen ist immer gescheitert.

Ebenso häufig begegnet man der Forderung nach dem *Umdenken.* Durch die Erkenntnis zur Einsicht – aber so leicht lässt sich aus dem eigenen Denkgebäude nicht aussteigen. Manche würden trotz Einsicht Freerider-Positionen nutzen. Einigkeit über die Beschaffenheit des ›neuen Altruismus‹ gibt es auch nicht. Dennoch ist der Vorschlag zum Umdenken beliebt. Man findet ihn in christlichen Kreisen, wo der Gedanke der ›Bekehrung‹ naheliegt, in ökologischen Milieus, wo manchmal nicht erkannt wird, dass man die neue Welt nicht nur ›von oben‹ schaffen kann, sondern Menschen – irgendwie – ›mitnehmen‹ muss. In der marxistisch-leninistischen Tradition hat man schon immer die Kausalität umgedreht: Zuerst muss (gewaltsam) die neue Gesellschaft entstehen, dann werden auch neue Menschen erzeugbar. ›Umdenken‹ ist ebenso vage wie ideologisch neutral, daher bei jeder Gelegenheit einsetzbar. Und es ist noch immer Fantasie geblieben.

Eine dritte Variante ist der *Rückbau*. Damit ist nicht eine Verzichtslogik gemeint, sondern das Abstreifen von Verhältnissen, bei denen die Moderne nach Meinung mancher in die Irre gegangen ist. Es ist die *Retro-Vision*: Rückkehr zur Einheitlichkeit und Homogenität des Volkes; weniger Liberalität und Beliebigkeit, kein Laisser-faire, keine Dekadenz. Endlich soll wieder ›Ordnung‹ geschaffen werden. Solche Postulate landen oft in einer rechtsautoritären Perspektive. Wer die ›Rückkehr‹ zur heilen Welt verspricht, der sagt (bewusst) die Unwahrheit.

These 8: Fragilitätskompetenz

Viele Krisenbetrachtungen folgen der ›kausalen‹ Linie: Krise – Unbehagen – Radikalisierung. In den vorliegenden Überlegungen läuft die Linie anders: Verletzung fundamentaler Bedürfniscluster – Normalitätserosion – wachsendes diffuses Ressentiment – Krisen als Katalysatoren sowie verstärkende Rahmenbedingungen – Radikalisierung bzw. Illiberalisierung.

Wenn Systemveränderung, Umdenken und Rückbau nicht funktionieren können: Welche Schlussfolgerungen können wir aus der geschilderten Situation ziehen, ohne in einen sozialtherapeutischen Habitus des Besserwissens zu verfallen? Es sind nur drei Prinzipien.

1. *Normalitätsprinzip:* Bei allen Bedürfnisclustern wurde versucht, am Ende zwischen den Polen *Überschuss* und

Defizit die *Balance* zu skizzieren, und das meint die *Normalität* der Verhältnisse, die *Mitte*, den *Mainstream*. Eine Gesellschaft kann alle möglichen Anomalien und Sonderbereiche aushalten, wenn es eine solide Mitte gibt. Wenn mehrere Elemente den Mittebereich überschreiten oder einige relevante Elemente einen größeren Abstand zur Mitteposition einlegen, kann die Selbsterhaltungsfähigkeit des sozialen Systems gefährdet werden. Die Mitte bedeutet nicht eine Retro-Position, ein Klammern an alte oder gegebene Verhältnisse. Man kann es auch als *Aristoteles-Prinzip* bezeichnen: Mitte, Maß, Mäßigung, Moderiertheit (nicht zu viel Sport und nicht zu wenig; nicht Draufgänger und nicht Feigling; nicht grenzenloser Genuss und nicht verklemmtes Spießertum; weder Fresssucht noch Magersucht usw.). Vielmehr das (gestreckte, pluralisierte) Optimum zwischen den Extremen der einen oder anderen Seite. Ein ausgewogenes Verhältnis zu den Dingen, den Menschen und zu sich selbst. Mit Extremismen und Übertreibungen ist kein Staat zu machen. Mitte heißt aber nicht: Mittelmäßigkeit, Langeweile, Borniertheit, Unbeweglichkeit, Vermeidungsverhalten, Feigheit, Bequemlichkeit. Erwünscht wäre die Exzellenz der Mitte.

2. *Bestandsprinzip:* Wenn man die Perspektive kluger Politik ganz aufgäbe, müsste man in Lethargie und Verzweiflung versinken. Die Option, eine unleidliche Situation nur dadurch zu beheben, dass man das Denken der Menschen ›anpasst‹ – sie mögen ihr Desaster lieben lernen –, wäre Unsinn. Vielmehr könnte es durchaus eine klügere Klimapolitik, eine klügere Mi-

grationspolitik oder eine klügere Verteidigungspolitik für Europa geben. Für jede politische Strategie gilt das *Burke-Prinzip*: Das Vorhandene ist nicht einfach vorhanden – Bestände resultieren aus Versuchen und Irrtümern, Auseinandersetzungen, theoretischen Entwürfen und praktischen Erfahrungen der Menschen (Burke, 1987 [1790]). Wenn man Besseres zur Verfügung hat, kann man voranschreiten; aber man sollte sich sicher sein, dass man etwas Besseres zur Verfügung hat, bevor man die vorhandenen Bestände zerstört. Das ist nicht Rechtfertigung von Lethargie, es ist der *Appell an die Bescheidenheit der Wissenszuschreibung für sich selbst:* Gesellschaften sind komplexe Gebilde, mit zahlreichen Folgen und Nebenfolgen, Backlashes und Dynamiken, Inkonsistenzen und Wissensmängeln; und die Vorstellung, menschliche Vernunft könnte sich souverän über alle Mängel hinwegsetzen, stellt Hybris dar – und wird scheitern. Das war in allen Planwirtschaften der Fall. Die ›Bestände‹ in der Spätmoderne (Esders, 2022) werden ebenfalls oft leichtfertig preisgegeben oder verhöhnt: durch die Priorisierung des Heterogenen, Liquiden, Dekonstruierenden, Abweichenden; durch Blindheit für den Wert des Vorhandenen, Ignoranz gegenüber den Verfügbarkeitsgrenzen. Nach der Beseitigung von Beständen entsteht das Bessere nicht von selbst, es bleiben vielleicht bloß Löcher, Defizite und Dysfunktionalitäten übrig.

3. *Fragilitätsprinzip:* Spätmoderne Gesellschaften müssen, wenn sie sich selbst beschreiben, einen Pudding an die Wand nageln. Jede Beschreibung ist liquide, immer schon

ein bisschen überholt, sobald sie geäußert wird. *Aber das bedeutet nicht, dass nichts da ist.* Um Spielregeln zu durchbrechen, braucht man Spielregeln (Bröckling et al., 2015). Tröstlich erscheint Karl-Siegbert Rehbergs Botschaft einer *beweglicheren Normalität.*

> »Zum einen sind in den Zeitdeutungen von Sozialtheoretikern und Soziologen in diesem an Umbrüchen und Katastrophen nicht armen Jahrhundert Prognosen von der Schwächung, der Auflösung, vielleicht dem Verschwinden der Institutionen allgegenwärtig. […] Zum anderen ist es das Überflüssigwerden der anachronistisch erscheinenden Institutionen, welche einer *neuen Form der Superstabilität, nämlich der durchdringenden Beweglichkeit aller Zustände*, weichen müssen. In diesem Sinne können die in den Differenzierungsdynamiken moderner Gesellschaften begründeten Vervielfältigungen sozialer Prozesse *Zustände einer beruhigten Unordnung und systemhafter Normalität* erzeugen« (Rehberg, 2014, S. 136; Hervorhebung M. P.).

Die ›beruhigte Unordnung‹ ist eine optimistische Perspektive. Man wird sich an eine höhere Dosis von Fragilität gewöhnen müssen. Fragilität, auch im Hinblick auf die Bedürfniscluster, wäre nur aufzuheben, wenn man Moderne und Spätmoderne aufhebt. *Das Wesen der (Spät-)Moderne ist die ›Lockerung‹ aller Verhältnisse.* Individuen, die beides wollen, nämlich die Wohlgefügtheit *und* die Freiheitlichkeit, die Verlässlichkeit *und* die Autonomie, letztlich: die Geschlossenheit *und* die Offenheit, – diese Individuen haben die Besonderheit dieser Welt, ihrer Lebensgestaltung und ihrer Identität nicht verstanden. Man muss den *Kompromiss* denken, also Abstriche auf der einen und auf der anderen Seite machen. Die Fluktuationen und Turbulenzen der Gegenwart sind kein Wohlfühlprogramm. Man muss mit diesen Situationen umgehen lernen: *Verlorenheit und Ressentiment transformieren, kompensieren oder aufheben in Fragilitätskompetenz.*

Widersprüchlichkeit gibt es schon innerhalb der eigenen Seele, erst recht in ausdifferenzierten Gesellschaften. Die Aufgelockertheit in kulturellen Kontakten oder Synthesen wird sich verstärken. Aber die grundlegende Fremdheit muss nicht unüberwindbar sein – das meiste können wir in ›normaler Reziprozität‹ sehr wohl verstehen und nachempfinden. Es handelt sich um eine ›mittlere Übersetzbarkeit‹, die sich durch Bemühung vielleicht zu einer weitergehenden Übersetzbarkeit fragmentierter Weltbereiche ausweiten lässt. »Zugleich steht der unaufhebbar hypothetische Charakter dieser Kommunikationsmaximen für die prinzipielle Fragilität menschlicher Kommunikation und Kooperation« (Soeffner, 2014, S. 212). In gewisser Weise leben Gesellschaften von der Imagination ihrer Stabilität, das Fragile ihres Bestehens wird vielfach überdeckt. Damit kommen wir zur resümierenden These.

Man muss mit dem Ungefähren und Ungeordneten, mit dem Zerbrechlichen und Vorläufigen, mit dem Fragilen und Liquiden besser umgehen lernen. Diese Aussage richtet sich gegen Perfektionismus, gegen Optimierungs- oder Meliorisierungsübertreibungen, gegen Erwartungshypertrophien, gegen Retro-Perspektiven, gegen Panikmache und Angst vor dem Liquiden. Für ein gewisses Maß an Unbestimmtheit kann man mehr Gelassenheit aufbringen. *Man muss trotzdem an der*

Wertschätzung der Normalität, des Bestandes, der Mitte, der Moderatheit festhalten, mit Sorgfalt, Respekt und Augenmaß. Diese Aussage richtet sich gegen den Leichtsinn im Umgang mit den moralischen, sozialen und institutionellen Beständen, gegen ihre nonchalante Verwerfung oder Vernachlässigung. *Und man muss Nüchternheit und Realismus wahren.* Diese Aussage richtet sich gegen einen Fiktionalismus, Imaginativismus, Illusionismus, der manchmal konstruktivistisch oder poststrukturalistisch theoretisiert wird, aber jedenfalls den Weg zur Beliebigkeit vorurteilsreicher und ressentimenthaltiger Positionierungen öffnet. Diese Vorschläge sind in gewissem Sinne banal, aber so läuft die Welt. Es ist alles leichter gesagt als getan. *Wenn man jedoch die empfohlenen Dispositionen nicht vereinen kann, geht die Epoche der liberaldemokratischen Gesellschaften ihrem Ende zu. Die Alternative zu einem solchen Bemühen wäre es, dass man, mit ungewissem Ziel, nur noch durch die Verlorenheit torkelt.*

Literatur

Albert, M. (1992). *Kapitalismus contra Kapitalismus.* Campus.

Alter, A. (2018). *Unwiderstehlich. Der Aufstieg suchterzeugender Technologien und das Geschäft mit unserer Abhängigkeit.* Piper.

Anton, A., Schetsche, M. & Walter, M. (Hrsg.). (2013). *Konspiration. Soziologie des Verschwörungsdenkens.* Springer.

Applebaum, A. (2021). Die neuen Puritaner. Die Algorithmen der Wut und die Verteidigung des Rechtsstaats. *Lettre International, 135,* 17–22.

Backhaus, K. & Bonus, H. (Hrsg.). (1998). *Die Beschleunigungsfalle oder der Triumph der Schildkröte* (3., erw. Aufl.). Schäffer-Poeschel.

Barth, N. & Wagner, E. (2019). Die schrille Polyphonie aufrichtiger Meinungen – zur Medialität einer Netzwerkmoral. In S. Joller & M. Stanisavljevic (Hrsg.), *Moralische Kollektive. Theoretische Grundlagen und empirische Einsichten* (S. 215–247). Springer VS.

Bauer, T. (2018). *Die Vereindeutigung der Welt. Über den Verlust an Mehrdeutigkeit und Vielfalt.* Reclam.

Bauman, Z. (2003 [2000]). *Flüchtige Moderne.* Suhrkamp [Original: *Liquid Modernity.* Polity Press].

Beck, U. (1986). *Risikogesellschaft. Auf dem Weg in eine andere Moderne.* Suhrkamp.

Beck, U. (Hrsg.). (1998). *Perspektiven der Weltgesellschaft.* Suhrkamp.

Beichelt, T. (2022, 5. Januar). Zwischen Transformation und Posttransformation. *Aus Politik und Zeitgeschichte.* https://www.bpb.de/shop/zeitschriften/apuz/umbrueche-in-europa-nach-1989-und-1991-2022/345429/zwischen-transformation-und-posttransformation/#footnote-reference-1

Bell, D. (1976). *Die Zukunft der westlichen Welt. Kultur und Technologie im Widerstreit.* S. Fischer [Original: *The Cultural Contradictions of Capitalism.* Basic Books].

Bennett, W.L. & Livingston, S. (Hrsg.). (2020). *The Disinformation Age. Politics, Technology and Disruptive Communication in the United States.* Cambridge University Press.

Berger, P.L. (1973 [1967]). *Zur Dialektik von Religion und Gesellschaft. Elemente einer soziologischen Theorie.* S. Fischer [Original: *The Sacred Canopy. Elements of a Sociological Theory of Religion.* Doubleday].

Berger, P. L. (1980 [1979]). *Der Zwang zur Häresie. Religion in der pluralistischen Gesellschaft.* S. Fischer [Original: *The Heretical Imperative. Contemporary Possibilities of Religious Affirmation*. Anchor Press].

Berger, P. L. (2015 [2014]). *Altäre der Moderne. Religion in pluralistischen Gesellschaften.* Campus [Original: *The Many Altars of Modernity.* De Gruyter].

Berger, P. L., Berger, B. & Kellner, H. (1975 [1973]). *Das Unbehagen in der Modernität.* Campus [Original: *The Homeless Mind. Modernization and Consciousness.* Random House].

Binswanger, M. (2006). *Die Tretmühlen des Glücks. Wir haben immer mehr und werden nicht glücklicher. Was können wir tun?* Herder.

Binswanger, M. (2010). *Sinnlose Wettbewerbe. Warum wir immer mehr Unsinn produzieren.* Herder.

Bittlingmayer, U. H. (2005). *»Wissensgesellschaft« als Wille und Vorstellung.* UVK.

Bloom, A. D. (1987). *The Closing of the American Mind. How Higher Education Has Failed Democracy and Impoverished the Souls of Today's Students.* Simon & Schuster.

Blühdorn, I., Butzlaff, F., Deflorian, M., Hausknost, D. & Mock, M. (2020). *Nachhaltige Nicht-Nachhaltigkeit. Warum die ökologische Transformation der Gesellschaft nicht stattfindet* (2. Aufl.). transcript.

Böckenförde, E.-W. (2016 [1967]). Die Entstehung des Staates als Vorgang der Säkularisation. In ders. (Hrsg.), *Staat, Gesellschaft, Freiheit. Studien zur Staatstheorie und zum Verfassungsrecht* (2. Aufl., S. 42–64). Suhrkamp.

Böhme, G. & Böhme, R. (2021). *Über das Unbehagen im Wohlstand.* Suhrkamp.

Bohrer, K. H. (2000). *Provinzialismus. Ein physiognomisches Panorama.* Carl Hanser.

Bolte, M. (2023). *Volodymyr Zelensky. Heroic leader of Ukraine.* Lerner Publications.

Bolz, N. (2021). *Keine Macht der Moral! Politik jenseits von Gut und Böse.* Matthes & Seitz.

Borscheid, P. (2004). *Das Tempo-Virus. Eine Kulturgeschichte der Beschleunigung.* Campus.

Bracher, K. D. (1985). Zeiten der Verführung. Die Ausbreitung des Totalitarismus im 20. Jahrhundert. In N. Leser (Hrsg.), *Macht und Gewalt in der Politik und Literatur des 20. Jahrhunderts* (S. 11–28). Böhlau.

Bracher, K. D. (1987). *Die totalitäre Erfahrung.* Piper.

Brechtken, M. (2020). *Der Wert der Geschichte. Zehn Lektionen für die Gegenwart.* Siedler.

Bröckling, U. (2007). *Das unternehmerische Selbst. Soziologie einer Subjektivierungsform.* Suhrkamp.

Bröckling, U., Dries, C., Leanza, M. & Schlechtriemen, T. (Hrsg.). (2015). *Das Andere der Ordnung. Theorien des Exzeptionellen.* Velbrück Wissenschaft.

Burke, E. (Hrsg.). (1987 [1790]). *Betrachtungen über die Französische Revolution.* Manesse [Original: *Reflections on the Revolution in France*].

Carr, N. G. (2013). *Surfen im Seichten. Was das Internet mit unserem Hirn anstellt.* Pantheon.

Cillia, R., Wodak, R., Rheindorf, M. & Lehner, S. (2020). *Österreichische Identitäten im*

Wandel. Empirische Untersuchungen zu ihrer diskursiven Konstruktion 1995–2015. Springer.

Coenen, C. (Hrsg.). (2010). *Die Debatte über »Human Enhancement«. Historische, philosophische und ethische Aspekte der technologischen Verbesserung des Menschen.* transcript.

Debray, R. (2022). Museum und Rakete. Die großen Ferien von der Geschichte gehen in Europa zu Ende. *Lettre International, 137,* 10–11.

Deitelhoff, N., Groh-Samberg, O. & Middell, M. (Hrsg.). (2020). *Gesellschaftlicher Zusammenhalt. Ein interdisziplinärer Dialog.* Campus.

Dimbath, O. (2021). Gewissheit in unsicherer Zeit. Ein Essay zur Einleitung. In ders. & M. Pfadenhauer (Hrsg.), *Gewissheit. Beiträge und Debatten zum 3. Sektionskongress der Wissenssoziologie* (S. 30–42). Beltz Juventa.

Dörre, K. (2023). *In der Warteschlange. Arbeiter*innen und die radikale Rechte.* Westfälisches Dampfboot.

Durkheim, É. (1992 [1893]). *Über soziale Arbeitsteilung. Studie über die Organisation höherer Gesellschaften.* Suhrkamp [Original: *De la Division du Travail Social. Étude sur l'Organisation des Sociétés Supérieures.* Alcan].

Dux, G. (1989). *Die Zeit in der Geschichte. Ihre Entwicklungslogik vom Mythos zur Weltzeit.* Suhrkamp.

Eggers, D. (2015 [2013]). *Der Circle. Roman.* Kiepenheuer & Witsch [Original: *The Circle.* Knopf].

Ehrenberg, A. (2011 [2010]). *Das Unbehagen in der Gesellschaft.* Suhrkamp [Original: *La Société du malaise.* Odile Jacob].

Eisewicht, P., Wustmann, J. & Pfadenhauer, M. (2016). Authentizität – ein Element kompetenter Zugehörigkeit zu Szenen. In A. Kreutzer & C. Niemand (Hrsg.), *Authentizität – Modewort, Leitbild, Konzept. Theologische und humanwissenschaftliche Erkundungen zu einer schillernden Kategorie* (S. 67–87). Friedrich Pustet.

Elias, N. (1978/1979 [1939]). *Über den Prozeß der Zivilisation. Soziogenetische und psychogenetische Untersuchungen.* Suhrkamp.

Elias, N. (1990 [1984]). *Über die Zeit* (3. Aufl.). Suhrkamp.

Elias, N. (2022). *Sozialer Kanon, soziale Existenz und das Problem der Sinngebung. Ein soziologischer Essay.* Springer VS.

Engelhardt, A. (Hrsg.). (2010). *Handbuch Wissensgesellschaft. Theorien, Themen und Probleme.* transcript.

Esders, M. (2022). *Ohne Bestand. Angriff auf die Lebenswelt.* Manuscriptum.

Eßbach, W. (2003). Die Universität als institutionelle Fiktion. Zugang und Mitbestimmung. In J. Fischer & H. Joas (Hrsg.), *Kunst, Macht und Institution. Studien zur philosophischen Anthropologie, soziologischen Theorie und Kultursoziologie der Moderne* (S. 402–418). Campus.

Eßbach, W. (2014). *Religionssoziologie 1. Glaubenskrieg und Revolution als Wiege neuer Religionen.* Wilhelm Fink.

Eßbach, W. (2019). *Religionssoziologie 2/1 und 2/2. Entfesselter Markt und Artifizielle Lebenswelt als Wiege neuer Religionen.* Wilhelm Fink.

Felixberger, P. (2023). Warum widerstehen? Konfliktarbeit in Zeiten von Unordnung und Verwirrung. *Kursbuch, 215,* 126–142.

Festinger, L. (1957). *A Theory of Cognitive Dissonance.* Row Peterson.

Finkielkraut, A. (2021 [2019]). *Ich schweige nicht. Philosophische Anmerkungen zur Zeit.* LMV [Original: *À la première personne.* Gallimard].

Forst, R. (2020). Gesellschaftlicher Zusammenhalt. Zur Analyse eines sperrigen Begriffs. In N. Deitelhoff, O. Groh-Samberg & M. Middell (Hrsg.), *Gesellschaftlicher Zusammenhalt. Ein interdisziplinärer Dialog* (S. 41–53). Campus.

Frankfurt, H.G. (2005). *On Bullshit.* Princeton University Press.

Freud, S. (1994 [1930]). *Das Unbehagen in der Kultur und andere kulturtheoretische Schriften.* S.Fischer.

Frevert, U. (2003). *Vertrauen. Historische Annäherungen.* Vandenhoeck & Ruprecht.

Friedman, J. (2007). Ignorance as a Starting Point: From Modest Epistemology to Realistic Political Theory. *Critical Review, 19*(1), 1–22.

Fritzsche, K.P. (1998). *Die Stressgesellschaft. Vom schwierigen Umgang mit den rasanten gesellschaftlichen Veränderungen.* Kösel.

Fukuyama, F. (1992). *Das Ende der Geschichte. Wo stehen wir?* Kindler [Original: *The End of History and the Last Man.* The Free Press].

Fukuyama, F. (1996). *Trust. The Social Virtues and the Creation of Prosperity.* Free Press.

Galbraith, J.K. (1963 [1958]). *Gesellschaft im Überfluss.* Droemer Knaur [Original: *The Affluent Society.* Houghton Mifflin].

Gebhardt, W. (2008). Gemeinschaften ohne Gemeinschaft. Über situative Event-Vergemeinschaftungen. In R. Hitzler, A. Honer & M. Pfadenhauer (Hrsg.), *Posttraditionale Gemeinschaften. Theoretische und ethnografische Erkundungen* (S. 202–213). VS Verlag für Sozialwissenschaften.

Gebhardt, W., Hitzler, R. & Pfadenhauer, M. (Hrsg.). (2000). *Events. Soziologie des Außergewöhnlichen.* Leske & Budrich.

Gehlen, A. (2004 [1940]). *Der Mensch. Seine Natur und seine Stellung in der Welt* (14. Aufl.). AULA.

Gibbon, E. (1997 [1776]). *The History of the Decline and Fall of the Roman Empire.* Routledge.

Giesen, B. (2011). *Zwischenlagen. Das Außerordentliche als Grund der sozialen Wirklichkeit.* Velbrück Wissenschaft.

Goodhart, D. (2017). *The Road to Somewhere. The Populist Revolt and the Future of Politics.* Penguin Books.

Göttlich, U. (2015). Alltag und Alltagswelt. In A. Hepp, F. Krotz, S. Lingenberg & J. Wimmer (Hrsg.), *Handbuch Cultural Studies und Medienanalyse* (S. 117–124). VS Verlag für Sozialwissenschaften.

Gray, J. (1986). *Hayek on Liberty* (2. Aufl.). Blackwell.

Greven, M. T., Guggenberger, B. & Strasser, J. (Hrsg.). (1975). *Krise des Staates? Zur Funktionsbestimmung des Staates im Spätkapitalismus.* Luchterhand.

Grimm, D. (Hrsg.). (1996). *Staatsaufgaben.* Suhrkamp.

Gross, P. (1994). *Die Multioptionsgesellschaft.* Suhrkamp.

Gross, P. (1999). *Ich-Jagd. Im Unabhängigkeitsjahrhundert.* Suhrkamp.

Gujer, E. (2024, 5. Januar). Was in Deutschland inzwischen als normal gilt, ist nicht mehr normal. *NZZ.* https://www.nzz.ch/der-andere-blick/deutschland-darf-sich-nicht-an-randale-wie-in-der-silvesternacht-gewoehnen-ld.1772898

Habermas, J. (1976). *Zur Rekonstruktion des Historischen Materialismus* (2. Aufl.). Suhrkamp.

Habermas, J. (1985). Die neue Unübersichtlichkeit. Die Krise des Wohlfahrtsstaates und die Erschöpfung utopischer Energien. *Merkur, 431,* 1–14.

Habermas, J. (2022, 28. April). Krieg und Empörung. *SZ.* https://www.sueddeutsche.de/projekte/artikel/kultur/das-dilemma-des-westens-juergen-habermas-zum-krieg-in-der-ukraine-e068321/?reduced=true

Habermas, J. & Reemtsma, J. P. (2016 [2001]). *Glauben und Wissen.* Suhrkamp.

Haffner, S. (2002). *Geschichte eines Deutschen. Die Erinnerungen 1914–1933* (13. Aufl.). DVA.

Haidt, J. (2024). *Generation Angst. Wie wir unsere Kinder an die virtuelle Welt verlieren und ihre psychische Gesundheit aufs Spiel setzen.* Rowohlt.

Hammerich, K. & Klein, M. (Hrsg.). (1978). *Materialien zur Soziologie des Alltags* (*Kölner Zeitschrift für Soziologie und Sozialpsychologie,* Sonderheft 20). Westdeutscher Verlag.

Han, B.-C. (2012). *Transparenzgesellschaft.* Matthes & Seitz.

Hardin, R. (2002). *Trust and Trustworthiness.* Russell Sage.

Hartmann, M. & Offe, C. (Hrsg.). (2001). *Vertrauen. Die Grundlage des sozialen Zusammenhalts.* Campus.

Heintz, B., Münch, R. & Tyrell, H. (Hrsg.). (2005). *Weltgesellschaft. Theoretische Zugänge und empirische Problemlagen* (*Zeitschrift für Soziologie,* Sonderheft). Lucius & Lucius.

Heitmeyer, W. (Hrsg.). (1997). *Was hält die Gesellschaft zusammen?* Suhrkamp.

Heitmeyer, W. (Hrsg.). (1999). *Was treibt die Gesellschaft auseinander?* Suhrkamp.

Hendricks, V. F. & Vestergaard, M. (2018). *Postfaktisch. Die neue Wirklichkeit in Zeiten von Bullshit, Fake News und Verschwörungstheorien.* Blessing.

Hessel, S. (2011 [2010]). *Empört Euch!* (11. Aufl.). Ullstein [Original: *Indignez-vous!* Indigène].

Hitzler, R. & Gross, P. (2003). Wir Terroristen. Irritationen der Markt-Ordnung. In R. Hitzler & J. Reichertz (Hrsg.), *Irritierte Ordnung. Die gesellschaftliche Verarbeitung von Terror* (S. 103–121). UVK.

Hitzler, R., Honer, A. & Pfadenhauer, M. (Hrsg.). (2008). *Posttraditionale Gemeinschaf-*

ten. Theoretische und ethnografische Erkundungen. VS Verlag für Sozialwissenschaften.

Hobbes, T. (1996 [1651]). *Leviathan.* Oxford University Press.

Hofer, M. & Rößner, C. (Hrsg.). (2019). *Zwischen Illusion und Ideal: Authentizität als Anspruch und Versprechen. Interdisziplinäre Annäherungen an Wirkmacht und Deutungskraft eines strittigen Begriffs.* Friedrich Pustet.

Holland, J. H. (2014). *Complexity. A Very Short Introduction.* Oxford University Press.

Hollis, M. (1998). *Trust within Reason.* Cambridge University Press.

Hradil, S. (1995). *Die »Single-Gesellschaft«.* C. H. Beck.

Hradil, S. (2003). Die Suche nach Sicherheit und Gemeinschaft in der individualisierten Gesellschaft. In K.-H. Hillmann (Hrsg.), *Die Verbesserung des menschlichen Zusammenlebens. Eine Herausforderung für die Soziologie* (S. 111–125). Leske & Budrich.

Hunter, E. (2012 [2011]). *Öko-Krieger. Eine neue Generation kämpft für unseren Planeten.* S. Fischer [Original: *The Next Eco-Warriors. 22 Young Women and Men Who Are Saving the Planet.* RED WHEEL/WEISER].

Huntington, S. P. (1996). *The Clash of Civilizations and the Remaking of World Order.* Simon & Schuster.

Inglehart, R. (1977). *The Silent Revolution. Changing Values and Political Styles Among Western Publics.* Princeton University Press.

Inglehart, R. (1984). Wertwandel in den westlichen Gesellschaften. Politische Konsequenzen von materialistischen und postmaterialistischen Prioritäten. In H. Klages & P. Kmieciak (Hrsg.), *Wertwandel und gesellschaftlicher Wandel* (3. Aufl., S. 279–316). Campus.

Jäger, W. (2007). Wissensgesellschaft. In R. Schützeichel (Hrsg.), *Handbuch Wissenssoziologie und Wissensforschung* (S. 662–669). UVK.

Joas, H. (2011). *Die Sakralität der Person. Eine neue Genealogie der Menschenrechte.* Suhrkamp.

Joas, H. (2017). *Die Macht des Heiligen. Eine Alternative zur Geschichte von der Entzauberung.* Suhrkamp.

Kakutani, M. (2019). *Der Tod der Wahrheit. Gedanken zur Kultur der Lüge.* Klett-Cotta.

Kardaras, N. (2023). *Glow Kids. Unsere Kinder im Bann digitaler Medien: Wie wir sie von der Sucht befreien.* Unimedica.

Klages, H. (1984). *Wertorientierungen im Wandel. Rückblick, Gegenwartsanalyse, Prognosen.* Campus.

Klages, H. (1988). *Wertedynamik. Über die Wandelbarkeit des Selbstverständlichen.* Edition Interfrom.

Knaller, S. & Müller, H. (Hrsg.). (2006). *Authentizität. Diskussion eines ästhetischen Begriffs.* Wilhelm Fink.

Knoblauch, H. (2016). *Die kommunikative Konstruktion der Wirklichkeit.* Springer VS.

Koenen, G. (2023, 23. Februar). Wer den Blick senkt, hat schon verloren. *FAZ.*

https://gerd-koenen.eu/media/filer_public/e5/32/e53249cb-a78e-476f-a105-4e77b417e048/wer_den_blick_senkt__faz_24223.pdf

Krastev, I. (2017). *Europadämmerung. Ein Essay.* Suhrkamp [Original: *After Europe.* Penn University Press].

Krastev, I. & Holmes, S. (2019a). *Das Licht, das erlosch. Eine Abrechnung.* Ullstein [Original: *The Light that Failed. A Reckoning.* Penguin Books].

Krastev, I. & Holmes, S. (2019b). Osteuropa erklären. Das Unbehagen an der Nachahmung. *Merkur, 836,* 14–28.

Kreutzer, A. & Niemand, C. (Hrsg.). (2016). *Authentizität – Modewort, Leitbild, Konzept. Theologische und humanwissenschaftliche Erkundungen zu einer schillernden Kategorie.* Friedrich Pustet.

Krücken, G. (2002). »Wissensgesellschaft«: Wissenschaft, Technik und Bildung. In U. Volkmann & U. Schimank (Hrsg.), *Soziologische Gegenwartsdiagnosen II* (S. 69–86). VS Verlag für Sozialwissenschaften.

Küng, H. (1997). *Weltethos für Weltpolitik und Weltwirtschaft.* Piper.

Kury, P. (2012). *Der überforderte Mensch. Eine Wissensgeschichte vom Stress zum Burnout.* Campus.

Kurzweil, R. (2005). *The Singularity is Near. When Humans Transcend Biology.* Viking.

Lasch, C. (1995 [1979]). *Das Zeitalter des Narzißmus.* Hoffmann & Campe [Original: *The Culture of Narcissism.* W. W. Norton].

Lehmann, H. (2021). Kunst, Freiheit, Moral. Wie es zu Autonomieverlusten in liberalen Demokratien kommt. *Lettre International, 135,* 24–33.

Lessenich, S. (2022). *Nicht mehr normal. Gesellschaft am Rande des Nervenzusammenbruchs.* Hanser.

Lethen, H. (2003). Anleitung zur Schlaflosigkeit. Über den Formzwang in der Politischen Anthropologie von Helmuth Plessner und Arnold Gehlen. In J. Fischer & H. Joas (Hrsg.), *Kunst, Macht und Institution. Studien zur philosophischen Anthropologie, soziologischen Theorie und Kultursoziologie der Moderne* (S. 89–103). Campus.

Livi, M. (2017). Neotribalismus als Metapher und Modell. Konzeptionelle Überlegungen zur Analyse emotionaler und ästhetischer Vergemeinschaftung in posttraditionalen Gesellschaften. *Archiv für Sozialgeschichte, 57,* 365–383.

Lübbe, H. (1992). *Im Zug der Zeit. Verkürzter Aufenthalt in der Gegenwart.* Springer.

Luckmann, T. (Hrsg.). (2007). *Lebenswelt, Identität und Gesellschaft. Schriften zur Wissens- und Protosoziologie.* UVK.

Luhmann, N. (1987). *Soziale Systeme. Grundriß einer allgemeinen Theorie.* Suhrkamp.

Luhmann, N. (2000 [1968]). *Vertrauen. Ein Mechanismus der Reduktion sozialer Komplexität* (4. Aufl.). Lucius & Lucius.

Lull, J. (Hrsg.). (2001). *Culture in the Communication Age.* Routledge.

Lyotard, J.-F. (1986 [1979]). *Das postmoderne Wissen. Ein Bericht.* Böhlau [Original: *La condition postmoderne.* Edition Minuit].

Maffesoli, M. (1996). *The Time of the Tribes. The Decline of Individualism in Mass Society.* Sage.

Malik, K. (2018). *Das Unbehagen in den Kulturen. Eine Kritik des Multikulturalismus und seiner Gegner.* Bundeszentrale für politische Bildung.

Malm, A. (2020). *Wie man eine Pipeline in die Luft jagt. Kämpfen lernen in einer Welt in Flammen.* Matthes & Seitz [Original: *How to blow up a Pipeline.* Verso].

Mannheim, K. (1964). *Wissenssoziologie. Auswahl aus dem Werk.* Luchterhand.

Marquard, O. (1987). *Abschied vom Prinzipiellen. Philosophische Studien.* Reclam.

Maslow, A. H. (1954). *Motivation and Personality.* Harper & Row.

Mau, S. (2023). Fliegt bald alles auseinander? Zur Konstruktion gesellschaftlicher Spaltungsphänomene. *Kursbuch, 215,* 10–24.

Metz, K. H. (2010). *Geschichte der Gewalt. Krieg, Revolution, Terror.* WBG.

Mitchell, S. (2008). *Komplexitäten. Warum wir erst anfangen, die Welt zu verstehen.* Suhrkamp.

Mittelstraß, J. (2003). Die Wissensgesellschaft. In M. Prisching (Hrsg.), *Modelle der Gegenwartsgesellschaft* (S. 97–111). Passagen.

Mongardini, C. (2003). Das Individuum in der Kultur der globalen Kommunikation. In J. Fischer & H. Joas (Hrsg.), *Kunst, Macht und Institution. Studien zur philosophischen Anthropologie, soziologischen Theorie und Kultursoziologie der Moderne* (S. 439–456). Campus.

Nassehi, A. (2008). *Die Zeit der Gesellschaft. Auf dem Weg zu einer soziologischen Theorie der Zeit* (2. Aufl.). VS Verlag für Sozialwissenschaften.

Nassehi, A. (2017). *Die letzte Stunde der Wahrheit. Kritik der komplexitätsvergessenen Vernunft* (völlig überarbeitete Ausgabe). kursbuch.edition.

Nassehi, A. (2019). *Muster. Theorie der digitalen Gesellschaft.* C. H. Beck.

Nassehi, A. (2020). *Das große Nein. Eigendynamik und Tragik des gesellschaftlichen Protests.* kursbuch.edition.

Nassehi, A. (2022). Das blinde Korn. Die dunkle Seite des Vertrauens und was das mit der NATO zu tun hat. *Kursbuch, 210,* 28–42.

Neiman, S. (2017). *Widerstand der Vernunft. Ein Manifest in postfaktischen Zeiten.* Ecowin.

Nida-Rümelin, J. (2023). *»Cancel Culture« – Ende der Aufklärung? Ein Plädoyer für eigenständiges Denken.* Piper.

Nussbaum, M. C. & Sen, A. K. (Hrsg.). (1993). *The Quality of Life.* Clarendon Press.

Ortmann, G. (2009). *Management in der Hypermoderne. Kontingenz und Entscheidung.* VS Verlag für Sozialwissenschaften.

Osten, M. (2004). *»Alles veloziferisch« oder Goethes Entdeckung der Langsamkeit. Zur Modernität eines Klassikers im 21. Jahrhundert.* Insel.

Otto, R. (1917). *Das Heilige. Über das Irrationale in der Idee des Göttlichen und sein Verhältnis zum Rationalen.* Trewendt & Granier.

Parsons, T. (1968 [1964]). *Sozialstruktur und Persönlichkeit.* EVA [Original: *Social Structure and Personality.* The Free Press].

Parsons, T. (1975 [1966]). *Gesellschaften. Evolutionäre und komparative Perspektiven.* Suhrkamp [Original: *Societies. Evolutionary and Comparative Perspectives.* Englewood Cliffs].

Piketty, T. (2014 [2013]). *Das Kapital im 21. Jahrhundert.* C.H. Beck [Original: *Le Capital au XXIe siècle.* Éditions du Seuil].

Piketty, T. (2020 [2019]). *Kapital und Ideologie.* C.H. Beck [Original: *Capital et idéologie.* Éditions du Seuil].

Pinker, S. (2013 [2011]). *Gewalt. Eine neue Geschichte der Menschheit.* S. Fischer [Original: *The Better Angels of Our Nature: Why Violence Has Declined.* Viking Adult].

Plessner, H. (1972 [1924]). *Grenzen der Gemeinschaft. Eine Kritik des sozialen Radikalismus* (2. Aufl.). Bouvier.

Plessner, H. (1975 [1928]). *Die Stufen des Organischen und der Mensch. Einleitung in die philosophische Anthropologie* (2. Aufl.). De Gruyter.

Popper, K.R. (1970 [1945]). *Die offene Gesellschaft und ihre Feinde* (2 Bände). Mohr.

Pörksen, B. (2018). *Die große Gereiztheit. Wege aus der kollektiven Erregung.* Carl Hanser.

Prantl, H. (2016). *Trotz alledem! Europa muss man einfach lieben.* Suhrkamp.

Precht, R.D. (2012). *Wer bin ich – und wenn ja wie viele? Eine philosophische Reise.* Goldmann.

Priddat, B.P. (2012). Die Leere der Fülle. Das Ende des Kapitalismus als Religion. *Kursbuch, 171,* 11–28.

Prisching, M. (2006). *Die zweidimensionale Gesellschaft. Ein Essay zur neokonsumistischen Geisteshaltung.* VS Verlag für Sozialwissenschaften.

Prisching, M. (2018). Atrophie der Normalität. Verschwinden des Alltagswissens. In M. Pfadenhauer & A. Poferl (Hrsg.), *Wissensrelationen. Beiträge und Debatten zum 2. Sektionskongress der Wissenssoziologie* (S. 591–602). Beltz Juventa.

Prisching, M. (2019). *Bluff-Menschen. Selbstinszenierungen in der Spätmoderne.* Beltz Juventa.

Prisching, M. (2022). Wertewandel in der Zweiten Moderne. In A. Khol, S. Karner, W. Sobotka, B. Rausch & G. Ofner (Hrsg.), *Österreichisches Jahrbuch für Politik 2021* (S. 455–476). Vandenhoeck & Ruprecht.

Prisching, M. (2023). Freiheit und Authentizität. In N.J. Saam & H. Bielefeldt (Hrsg.), *Die Idee der Freiheit und ihre Semantiken. Zum Spannungsverhältnis von Freiheit und Sicherheit* (S. 211–219). transcript.

Putnam, R.D. (2000). *Bowling Alone. The Collapse and Revival of American Community.* Simon & Schuster.

Reckwitz, A. (2017). *Die Gesellschaft der Singularitäten. Zum Strukturwandel der Moderne.* Suhrkamp.

Reckwitz, A. (2019). *Das Ende der Illusionen. Politik, Ökonomie und Kultur in der Spätmoderne.* Suhrkamp.

Rehberg, K.-S. (2014). *Symbolische Ordnungen. Beiträge zu einer soziologischen Theorie der Institutionen.* Nomos.

Reicher, D. (2013). *Nationensport und Mediennation. Zur Transformation von Nation und Nationalismus im Zeitalter elektronischer Massenmedien.* V&R unipress.
Reichertz, J. (2010). *Kommunikationsmacht. Was ist Kommunikation und was vermag sie? Und weshalb vermag sie das?* VS Verlag für Sozialwissenschaften.
Reinhard, W. (2002). *Geschichte der Staatsgewalt. Eine vergleichende Verfassungsgeschichte Europas von den Anfängen bis zur Gegenwart* (3., durchges. Aufl.). C.H. Beck.
Riesman, D. (1956 [1950]). *Die einsame Masse. Eine Untersuchung der Wandlungen des amerikanischen Charakters.* Luchterhand [Original: *The Lonely Crowd. A Study of the Changing American Character.* Yale University Press].
Rifkin, J. (2014). *Die Null-Grenzkosten-Gesellschaft. Das Internet der Dinge, kollaboratives Gemeingut und der Rückzug des Kapitalismus.* Campus [Original: *The Zero Marginal Cost Society. The Internet of things, the Collaborative Commons, and the Eclipse of Capitalism.* Palgrave Macmillan].
Rosa, H. (2006). *Beschleunigung. Die Veränderung der Zeitstrukturen in der Moderne.* Suhrkamp.
Rosa, H. (2016). *Resonanz. Eine Soziologie der Weltbeziehung* (3. Aufl.). Suhrkamp.
Rosanvallon, P. (2018 [2006]). *Die Gegen-Demokratie. Politik im Zeitalter des Misstrauens.* Bundeszentrale für politische Bildung [Original: La Contre-Démocratie. La politique à l'âge de la défiance. Éditions du Seuil].
Rudolph, M. (2023). Der große Freund. *Merkur, 886,* 38–48.
Russell Hochschild, A. (2017 [2016]). *Fremd in ihrem Land. Eine Reise ins Herz der amerikanischen Rechten.* Campus [Original: *Strangers in Their Own Land. Anger and Mourning on the American Right.* The New Press].
Sandel, M.J. (2023 [1996]). *Das Unbehagen in der Demokratie. Was die ungezügelten Märkte aus unserer Gesellschaft gemacht haben.* S. Fischer [Original: *Democracy's Discontent. American in Search of a Public Philosophy.* Belknap].
Sanders, L.M. (1997). Against Deliberation. *Political Theory, 25*(3), 347–376.
Savage, M. (2021). *The Return of Inequality. Social Change and the Weight of the Past.* Harvard University Press.
Scheidel, W. (2018). *Nach dem Krieg sind alle gleich. Eine Geschichte der Ungleichheit.* WBG.
Scheidler, F. (2015). *Das Ende der Megamaschine. Geschichte einer scheiternden Zivilisation* (6., aktual. Aufl.). Promedia.
Scheler, M. (2017 [1912]). *Das Ressentiment im Aufbau der Moralen* (3. Aufl.). Vittorio Klostermann.
Schmitt, C. (1987 [1932]). *Der Begriff des Politischen* (Text von 1932 mit einem Vorwort und drei Corollarien; unveränd. Nachdr. der 1963 erschienenen Aufl.). Duncker & Humblot.
Schütz, A. & Luckmann, T. (2003 [1975–1979]). *Strukturen der Lebenswelt.* UVK.
Schützeichel, R. (2015). *Soziologische Kommunikationstheorien* (2., überarb. Aufl.). UVK.

Schulze, G. (1992). *Die Erlebnisgesellschaft. Kultursoziologie der Gegenwart* (2. Aufl.). Campus.

Schulze, G. (2004). *Die Beste aller Welten. Wohin bewegt sich die Gesellschaft im 21. Jahrhundert?* Hanser.

Schwarzer, A. & Wagenknecht, S. (2023). Manifest für den Frieden. *change.* https://www.change.org/p/manifest-für-frieden

Seligman, A. B. (2000). *The Problem of Trust.* Princeton University Press.

Sennett, R. (1983 [1977]). *Verfall und Ende des öffentlichen Lebens. Die Tyrannei der Intimität* (3. Aufl.). S. Fischer [Original: *The Fall of Public Man.* Random House].

Sennett, R. (1998). *Der flexible Mensch. Die Kultur des neuen Kapitalismus* (7. Aufl.). Berlin Verlag [Original: *The Corrosion of Character. The Personal Consequences of Work in the New Capitalism.* W. W. Norton].

Shapiro, B. (2022). *Der autoritäre Terror. Wie Cancel Culture und Gutmenschentum den Westen verändern.* LMV.

Shikwati, J. (2012). Die Optimierungsfalle. Warum sich Afrika aus der westlichen und asiatischen Entwicklungshilfe befreien muss. *Kursbuch, 171,* 109–126.

Sloterdijk, P. (2020). *Den Himmel zum Sprechen bringen. Über Theopoesie.* Suhrkamp.

Soeffner, H.-G. (2000). *Gesellschaft ohne Baldachin. Über die Labilität von Ordnungskonstruktionen.* Velbrück Wissenschaft.

Soeffner, H.-G. (2003). Terror als Form faszinierender Gewalt. In R. Hitzler & J. Reichertz (Hrsg.), *Irritierte Ordnung. Die gesellschaftliche Verarbeitung von Terror* (S. 51–68). UVK.

Soeffner, H.-G. (2004). Gewalt als Faszinosum. In W. Heitmeyer & H.-G. Soeffner (Hrsg.), *Gewalt. Entwicklungen, Strukturen, Analyseprobleme* (S. 62–85). Suhrkamp.

Soeffner, H.-G. (2014). Fragiler Pluralismus. In ders. & T. D. Boldt (Hrsg.), *Fragiler Pluralismus. Wissen, Kommunikation und Gesellschaft* (S. 207–224). Springer VS.

Soeffner, H.-G. (2019). *Der geplante Mythos. Untersuchungen zur Struktur und Wirkungsbedingung der Utopie.* Springer VS.

Somin, I. (1998). Voter Ignorance and the Democratic Ideal. *Critical Review, 12*(4), 413–458.

Somin, I. (2006). Knowledge About Ignorance: New Directions in the Study of Political Information. *Critical Review, 18*(1–3), 255–278.

Somin, I. (2015). Rational ignorance. In M. Gross & L. McGoey (Hrsg.), *Routledge International Handbook of Ignorance Studies* (S. 274–281). Routledge.

Sorokin, P. A. (1968). *Man and Society in Calamity. The Effects of War, Revolution, Famine, Pestilence upon Human Mind, Behavior, Social Organization and Cultural life.* Greenwood Press.

Srubar, I. (2006). Die Unwissensgesellschaft: Moderne nach dem Verlust von Alternativen. In D. Tänzler, H. Knoblauch & H.-G. Soeffner (Hrsg.), *Zur Kritik der Wissensgesellschaft* (S. 139–154). UVK.

Staab, P. (2022). *Anpassung. Leitmotiv der nächsten Gesellschaft.* Suhrkamp.

Stichweh, R. (1994). Nation und Weltgesellschaft. In B. Estel & T. Meyer (Hrsg.), *Das Prinzip Nation in modernen Gesellschaften. Länderdiagnosen und theoretische Perspektiven* (S. 83–96). Westdeutscher Verlag.

Stichweh, R. (2000). *Die Weltgesellschaft. Soziologische Analysen*. Suhrkamp.

Strenger, C. (2017). *Abenteuer Freiheit. Ein Wegweiser für unsichere Zeiten*. Suhrkamp.

Sunstein, C. R. (2020 [2019]). *Das Lemming-Prinzip. Wie unser Hang zu Konformität Extremismus fördert, kritisches Denken unterdrückt und unsere Freiheit bedroht*. FinanzBuch [Original: *Conformity. The Power of Social Influences*. New York University Press].

Tahiri, A. (1993). *Morden für Allah. Terrorismus im Auftrag der Mullahs*. Droemer Knaur.

Tainter, J. A. (1988). *The Collapse of Complex Societies*. Cambridge University Press.

Taylor, C. (1995 [1991]). *Das Unbehagen an der Moderne* (2. Aufl.). Suhrkamp. [Original: *The Malaise of Modernity*. Anansi].

Thaler, R. H. & Sunstein, C. R. (2009 [2008]). *Nudge. Wie man kluge Entscheidungen anstößt*. Econ [Original: *Nudge. Improving decisions about health, wealth and happiness*. Yale University Press].

Tönnies, F. (1991 [1887]). *Gemeinschaft und Gesellschaft. Grundbegriffe der reinen Soziologie*. WBG.

Twenge, J. M. (2006). *Generation Me. Why Today's Young Americans are More Confident, Assertive, Entitled – and More Miserable Than Ever Before*. Free Press.

Twenge, J. M. (2018). *iGEN. Why today's super-connected kids are growing up less rebellious, more tolerant, less happy-and completely unprepared for adulthood (and what this means for the rest of us)*. Atria Paperback.

Twenge, J. M. (2023, 18. Oktober). Here are 13 other explanations for the adolescent mental health crisis. None of them work. https://jeanmtwenge.substack.com/yes-its-the-phones-and-social-media

van Agtmael, A. (2021, 9. Juli). Fuzzynomics. *Foreign Policy*. https://foreignpolicy.com/2021/07/09/fuzzynomics-new-economic-era-name-economists-post-pandemic-government-monetary-fiscal-stimulus/

Vance, J. D. (2017 [2016]). *Hillbilly-Elegie. Die Geschichte meiner Familie und einer Gesellschaft in der Krise*. Ullstein [Original: *Hillbilly elegy. A memoir of a family and culture in crisis*. Harper].

Virilio, P. (1980 [1977]). *Geschwindigkeit und Politik. Ein Essay zur Dromologie*. Merve [Original: *Vitesse et politique. Essai de dromologie*. Gallimard].

Vobruba, G. (2019). *Die Kritik der Leute. Einfachdenken gegen besseres Wissen*. Beltz Juventa.

von Hayek, F. A. (1980/1981 [1973–1979]). *Recht, Gesetzgebung und Freiheit. Eine neue Darstellung der liberalen Prinzipien der Gerechtigkeit und der politischen Ökonomie*. Verlag Moderne Industrie [Original: *Law, Legislation and Liberty. A New Statement of the Liberal Principles of Justice and Political Economy*. Routledge].

von Hayek, F. A. (2014 [1944]). *Der Weg zur Knechtschaft.* Lau [Original: *The Road to Serfdom.* Routledge].

Weingart, P. (2001). *Die Stunde der Wahrheit? Zum Verhältnis der Wissenschaft zu Politik, Wirtschaft und Medien in der Wissensgesellschaft.* Velbrück Wissenschaft.

Weinrich, H. (2008). *Knappe Zeit. Kunst und Ökonomie des befristeten Lebens.* C. H. Beck.

Willke, H. (2001). Wissensgesellschaft. In G. Kneer, A. Nassehi & M. Schroer (Hrsg.), *Klassische Gesellschaftsbegriffe der Soziologie* (S. 379–398). Wilhelm Fink.

Windolf, P. (Hrsg.). (2005). *Finanzmarkt-Kapitalismus. Analysen zum Wandel von Produktionsregimen* (*Kölner Zeitschrift für Soziologie und Sozialpsychologie,* Sonderheft 45). VS Verlag für Sozialwissenschaften.

Wobbe, T. (2000). *Weltgesellschaft.* transcript.

Zuber, J. A., Crott, H. W. & Werner, J. (1992). Choice Shift and Group Polarization: An Analysis of the Status of Arguments and Social Decision Schemes. *Journal of Personality & Social Psychology, 62*(1), 50–61.

Danksagung

Für eine genaue Lektüre des Manuskripts dieses Buches danke ich meinem Freund Ernst Hofer, einem Experten für medizinische Physik, der es als nicht fachzuständiger Interessent gelesen und kommentiert hat. Seit Jahrzehnten pflegt meine Ehefrau Roswitha Prisching meine Texte kritisch zu lesen und zu diskutieren, was sie aus dem Zustand der Nicht-Fachzuständigkeit (als Germanistin und Historikerin) bereits nahezu in den Status einer professionellen Soziologin befördert hat. Sie hat nicht nur für meine wissenschaftliche ›Bodenhaftung‹ gesorgt, sondern jenseits der Wissenschaft fast für alles, was in meinem Leben wichtig war. Dank auch an Simon Scharf vom Psychosozial-Verlag, der den Anstoß zu diesem Buch gegeben und den Produktionsprozess mit Sachkunde, Präzision und Engagement betreut hat.